Quick Guide

Reihe herausgegeben von
Springer Fachmedien Wiesbaden
Wiesbaden, Deutschland

Quick Guides liefern schnell erschließbares, kompaktes und umsetzungsorientiertes Wissen. Leser erhalten mit den Quick Guides verlässliche Fachinformationen, um mitreden, fundiert entscheiden und direkt handeln zu können.

Ulrich Egle • Thomas K. Birrer •
Markus Rupp • Marco Passardi

Quick Guide Inflations-Management

Wie Sie mit finanziellen Maßnahmen
die Preissteigerung steuern

Ulrich Egle
Institut für Finanzdienstleistungen Zug IFZ
Hochschule Luzern
Rotkreuz, Schweiz

Thomas K. Birrer
Institut für Finanzdienstleistungen Zug IFZ
Hochschule Luzern
Rotkreuz, Schweiz

Markus Rupp
Institut für Finanzdienstleistungen Zug IFZ
Hochschule Luzern
Rotkreuz, Schweiz

Marco Passardi
Institut für Finanzdienstleistungen Zug IFZ
Hochschule Luzern
Rotkreuz, Schweiz

ISSN 2662-9240　　　　　　　ISSN 2662-9259 (electronic)
Quick Guide
ISBN 978-3-658-42508-1　　　ISBN 978-3-658-42509-8 (eBook)
https://doi.org/10.1007/978-3-658-42509-8

Die Deutsche Nationalbibliothek verzeichnet diese Publikation in der Deutschen Nationalbibliografie; detaillierte bibliografische Daten sind im Internet über https://portal.dnb.de abrufbar.

© Der/die Herausgeber bzw. der/die Autor(en), exklusiv lizenziert an Springer Fachmedien Wiesbaden GmbH, ein Teil von Springer Nature 2023
Das Werk einschließlich aller seiner Teile ist urheberrechtlich geschützt. Jede Verwertung, die nicht ausdrücklich vom Urheberrechtsgesetz zugelassen ist, bedarf der vorherigen Zustimmung des Verlags. Das gilt insbesondere für Vervielfältigungen, Bearbeitungen, Übersetzungen, Mikroverfilmungen und die Einspeicherung und Verarbeitung in elektronischen Systemen.
Die Wiedergabe von allgemein beschreibenden Bezeichnungen, Marken, Unternehmensnamen etc. in diesem Werk bedeutet nicht, dass diese frei durch jedermann benutzt werden dürfen. Die Berechtigung zur Benutzung unterliegt, auch ohne gesonderten Hinweis hierzu, den Regeln des Markenrechts. Die Rechte des jeweiligen Zeicheninhabers sind zu beachten.
Der Verlag, die Autoren und die Herausgeber gehen davon aus, dass die Angaben und Informationen in diesem Werk zum Zeitpunkt der Veröffentlichung vollständig und korrekt sind. Weder der Verlag noch die Autoren oder die Herausgeber übernehmen, ausdrücklich oder implizit, Gewähr für den Inhalt des Werkes, etwaige Fehler oder Äußerungen. Der Verlag bleibt im Hinblick auf geografische Zuordnungen und Gebietsbezeichnungen in veröffentlichten Karten und Institutionsadressen neutral.

Planung/Lektorat: Catarina Gomes de Almeida
Springer Gabler ist ein Imprint der eingetragenen Gesellschaft Springer Fachmedien Wiesbaden GmbH und ist ein Teil von Springer Nature.
Die Anschrift der Gesellschaft ist: Abraham-Lincoln-Str. 46, 65189 Wiesbaden, Germany

Das Papier dieses Produkts ist recyclebar.

Vorwort

Die Unternehmensumwelt hat sich in der jüngsten Vergangenheit grundlegend verändert und nach der Pandemie folgt für sie die nächste Bewährungsprobe: die Inflation. Die hohen Inflationsraten in vielen Volkswirtschaften haben erhebliche finanzielle Auswirkungen auf Unternehmen und ihre Stakeholder, weil Umstrukturierungen, Effizienzsteigerungen und Liquiditätsmanagement an Relevanz gewinnen, um den Herausforderungen der Inflation entgegenzuwirken.

Die Preis- und Mengeneffekte der Inflation wirken sich auf alle Wertschöpfungsstufen im Unternehmen aus. Dies hat Konsequenzen auf die Art und Weise der Unternehmensführung und insbesondere auf die finanzielle Steuerung respektive deren Abbildung im Rahmen des Financial Reporting.

Die anspruchsvolle Aufgabe für CFOs[1] und Corporate Treasurer bzw. die Finanzfunktion im Allgemeinen ist es, den Entscheidungsträgern die Auswirkungen der Inflation – erhöhte Rohstoffpreise, fehlende Vorräte, erhöhte Fremdkapitalkosten, Wechselkurse, erhöhte Betriebskosten, erhöhte Lohnforderungen und geringe Kaufkraft – transparent zu machen und Lösungswege aufzuzeigen. Mit einem schlagkräftigen und agilen

---

[1] Die Herausgebenden möchten an dieser Stelle betonen, dass ausdrücklich alle vielfältigen Geschlechter inkludiert sind.

Finanzteam und mit operativen und strategischen Instrumenten besteht die Möglichkeit Inflationsresilienz erfolgreich im Unternehmen aufzubauen.

Insbesondere CFOs und alle Mitarbeitenden im Accounting, Controlling, Treasury und Risikomanagement sind mit den Herausforderungen der Teuerung konfrontiert. Die Verantwortlichen stehen vor der großen Aufgabe, die Bewertung und Steuerung der Unternehmensressourcen mit aktuellen Finanzmodellen und Finanzinstrumenten neu zu kalibrieren. Die finanziellen und nicht finanziellen Entscheidungsgrundlagen für die gesamte Wertschöpfungskette sind zu aktualisieren und das Portfolio an Produkten und Dienstleistungen neu auszurichten.

Mit unserem Quick Guide Inflationsmanagement zeigen wir mögliche Lösungsansätze für den Umgang mit der Inflation auf.

Die Kap. 1, 2, 4 und 6 wurden von Ulrich Egle geschrieben.

Ulrich Egle ist Professor für Controlling am Institut für Finanzdienstleistungen Zug IFZ der Hochschule Luzern – Wirtschaft. Nach dem Studium der technisch orientierten Betriebswirtschaftslehre an der Universität Stuttgart promovierte er an der Universität Bern. In der Theorie und Praxis beschäftigt er sich mit den Themenfeldern Transformation der Finanz- und Controlling-Funktion. Er entwickelt Kompetenzmodelle für Finanzabteilungen und veröffentlicht jährlich die Controlling-Trends.

Das Kap. 3 wurde von Thomas K. Birrer und Markus Rupp verfasst.

Thomas K. Birrer ist Professor am Institut für Finanzdienstleistungen Zug IFZ der Hochschule Luzern – Wirtschaft. Er hat an der Hochschule Luzern Betriebsökonomie studiert und promovierte an der Universität Basel. In seiner Dissertation untersuchte er den Umgang mit Währungsrisiken in Schweizer Unternehmen. Am IFZ forscht und unterrichtet er zu den Schwerpunkten Corporate Treasury, Finanzielles Risikomanagement, Corporate Finance und Decentralized Finance. Zudem leitet er die Studiengänge MAS Corporate Finance und CAS Swiss Certified Treasurer (SCT®) und ist Herausgeber der IFZ Finanzierungs- und Treasurystudie.

Markus Rupp hat an der Universität St. Gallen Betriebswirtschaft und Wirtschaftspädagogik studiert. Am Institut für Finanzdienstleistungen Zug IFZ der Hochschule Luzern – Wirtschaft leitet er das Kompetenzzentrum Corporate Finance und ist in diesem Themenfeld für die Bereiche Ausbildung, Weiterbildung und Forschung verantwortlich. Er leitet das Masterprogramm MAS Corporate Finance. Er ist Autor des Handbuchs Finanzmanagement (NZZ Libro) und ist Verwaltungsrat eines international tätigen Hörgerätekonzerns und einer lokalen Raiffeisenbank.

Das Kap. 5 wurde von Marco Passardi geschrieben.

Marco Passardi ist Professor für Accounting am Institut für Finanzdienstleistungen Zug IFZ der Hochschule Luzern – Wirtschaft. Nach dem Studium der Betriebswirtschaftslehre mit Vertiefungsrichtung Finance und einem Zusatzabschluss (Master of Advanced Studies in Secondary and Higher Education) promovierte er an der Universität Zürich, an welcher er heute noch als Lehrbeauftragter wirkt. Er ist tätig als Gutachter und Berater für nationale und internationale Rechnungslegung und publiziert in diesem Themengebiet regelmässig. Als Mitglied mehrerer Verwaltungsräte stellt er sein Wissen auch der Wirtschaftspraxis zur Verfügung.

Wir bedanken uns sehr herzlich bei allen Beteiligten, die zum Gelingen dieses Quick Guides beigetragen haben. Der Dank gilt insbesondere Ingo Cassack, Nadine Woolley und Xhenet Stalder. Ein herzliches Dankeschön geht an Anna-Felicja Herr und Ulrike Egle für Ihre wertvollen Korrekturvorschläge.

Wir bedanken uns ebenfalls bei Frau Catarina Gomes de Almeida vom Springer Gabler für die wie stets sehr gute und professionelle Unterstützung.

Allen Leserinnen und Lesern wünschen wir viel Erfolg beim zielgerichteten finanziellen Management der Inflation.

Rotkreuz, Schweiz
März 2023

Ulrich Egle
Thomas K. Birrer
Markus Rupp
Marco Passard

Inhaltsverzeichnis

1	**Inflation im Überblick**	1
1.1	Ausprägungen der Inflation	2
1.2	Management der Inflation	4
1.3	Fazit	9
	Literatur	10
2	**Inflation als Aufgabe des CFOs**	11
2.1	Inflationsresilienz	12
2.2	Finanzfunktion als Business Partner	14
2.3	Fazit	18
	Literatur	19
3	**Inflation Finance**	21
3.1	Inflation und Zinsveränderungen	21
3.2	Ausgangslage zum Fallbeispiel Optiker AG	24
3.3	Grundschema der Bewertung mittels TVM-Konzepts	25
3.4	Kapitalkosten mit Inflation	27
3.5	Investitionsrechnung	31
3.6	Unternehmensbewertung	33
3.7	Asset and Liability Management	37
	3.7.1 Einkommenseffekt	38

3.7.2	Vermögenseffekt	39
3.7.3	Einkommens- vs. Vermögenseffekt	41
3.7.4	Steuerung mittels ALM und Finanzinstrumenten	42
3.8	Fallstudie Silicon Valley Bank	44
3.9	Fazit	48
Literatur		49

4 Inflation Controlling — 51
- 4.1 Die Rolle des Controllings zur Bekämpfung der Inflation — 52
- 4.2 Kostenmanagement — 55
- 4.3 Controllinginstrumente — 59
- 4.4 Kennzahlen und Kennzahlensysteme — 67
- 4.5 Fazit — 77
- Literatur — 79

5 Inflation Accounting — 83
- 5.1 Handlungsfelder im Schweizer Obligationenrecht — 84
  - 5.1.1 Bilanzierung — 84
  - 5.1.2 Fremdwährungsumrechnung — 86
- 5.2 Quervergleich der Regulierung — 89
  - 5.2.1 Swiss GAAP FER — 89
  - 5.2.2 IFRS — 90
- 5.3 Buchungsbeispiele — 91
  - 5.3.1 Bewertung zum Marktpreis gemäß Art. 960b OR — 91
  - 5.3.2 Wiederbeschaffungsreserven und -rückstellungen — 92
- 5.4 Fazit — 95
- Literatur — 95

6 Roadmap Inflations-Management — 97
- 6.1 Rahmenbedingungen — 98
- 6.2 Realisierung der Roadmap — 99
- 6.3 Fazit — 105
- Literatur — 106

1

Inflation im Überblick

> **Was Sie aus diesem Kapitel mitnehmen**
> - Wie die Inflation gemessen wird.
> - Wie sich die Inflation auf die Unternehmen und das Management auswirkt.
> - Welchen Einfluss die Inflation auf den Strategieprozess hat.
> - Welche Bedeutung ein Früherkennungssystem im Zusammenhang mit der Inflation hat.

Die Inflation war in der jüngsten Vergangenheit, zumindest im Raum DACH, keine bedeutende Einflussgröße auf unternehmerische Entscheidungen. Der Umgang mit der Preissteigerung ist für viele Entscheidungsträger in den Unternehmen und ihre Stakeholder deshalb oftmals eine herausfordernde und möglicherweise auch dauerhafte Aufgabe. Energie, Rohstoffe und Vorprodukte unterliegen starken Preissteigerungen und auch der Fachkräftemangel treibt die Lohnkosten in die Höhe. Aufgrund der Unsicherheit durch die Teuerungsrate passen Konsumentinnen und Konsumenten ihr Einkaufsverhalten an und zögern oder verschieben größere Investitionen.

Die primären und sekundären Wertschöpfungsaktivitäten der Unternehmen sind durch die Inflation stark betroffen. Unternehmen benötigen ein modernes Inflationsmanagement, um der Preissteigerung zu begegnen, weil die Inflation das gesamte Geschäftsmodell nicht nur kurzfristig, sondern auch langfristig tangiert und verändert. Die Analyse der Preissteigerung lässt sich auf der Grundlage der Wertschöpfungskette mit strategischen und operativen Managementinstrumenten analysieren und bewerten. In schwierigen Situationen zeigt sich aber auch die Innovationsfähigkeit im Unternehmen als wichtiger Wettbewerbsvorteil.

1.1 Ausprägungen der Inflation

Die Inflation ist ein Prozess der permanenten Preisniveauerhöhung und hat weitreichende Relevanz für das volkswirtschaftliche Gleichgewicht, die Wirtschaftspolitik, Unternehmen und Konsumentinnen und Konsumenten ([3], S. 220). Für die Messung der Inflation wird das Preisniveau eines Zeitraums mit dem Preisniveau eines zurückliegenden Zeitraumes verglichen. Der zurückliegende Zeitraum kann der Vormonat oder Vorjahresmonat sein. Die Inflationsrate (Preissteigerungsrate bzw. Teuerungsrate) ist der Indikator, der die prozentuale Erhöhung des Preisniveaus im Vergleich zu einem vorherigen Zeitraum misst ([2], S. 274). Zur Berechnung der Inflation wird ein Warenkorb zusammengestellt, bei dem die Produkte mit volatilen Preisen, z. B. Energie und Nahrungsmittel, entfernt werden, um somit die Kerninflation zu berechnen. Die Verringerung des Preisniveaus wird als Deflation bezeichnet ([3], S. 220).

Inflationsmessung	
Preisniveau Jahr (x-1):	100
Preisniveau Jahr x:	105
Inflationsrate:	5 %

Stagflation beschreibt den Zustand, bei dem trotz nachlassender Nachfrage und wachsender Arbeitslosigkeit in einer Krise das Preisniveau steigt. Als Erklärung können steigende Produktionskosten herangezogen werden ([3], S. 261).

Es gibt jedoch auch Branchen und Unternehmen, die von der aktuellen Situation profitieren und im Fahrwasser der Inflation ihre Preise erhöhen. Das wird als *Gierflation* bezeichnet. Im Rampenlicht stehen aktuell die großen Energiekonzerne. Die hohen Energiepreise führen kurzfristig zu höheren Unternehmensgewinnen. Dadurch wird jedoch die Inflation weiter vorangetrieben. Einige Länder überlegen aus diesem Grund eine Übergewinnsteuer einzuführen, andere haben eine solche bereits eingeführt.

Die Möglichkeit zur Anhebung der Preise ist stark geprägt von der Marktmacht der Unternehmen und der Wettbewerbsintensität auf entsprechendem Marktsektor. Für faire Wettbewerbsbedingungen zu sorgen ist die Aufgabe der Politik (Wettbewerbsrecht).

Der starke Anstieg der Teuerungsrate nimmt auf sehr viele Volkswirtschaften, Wirtschaftssektoren und Unternehmen großen Einfluss. Die Teuerung wirkt sich oftmals auf alle Bereiche eines Geschäftsmodells aus und verursacht große Unsicherheit bei den Entscheidungsträgern. In Krisenzeiten sind deshalb zuverlässige Prognosen über die Unternehmensentwicklung und finanzielle Auswirkungen komplex. Der Grund dafür sind die Preissteigerungen nicht nur der direkten Wertschöpfungskette (z. B. Beschaffung, Produktion, Logistik und Vertrieb), sondern auch die der indirekten Bereiche (z. B. IT-Abteilung und Forschung & Entwicklung).

Die Preisentwicklungen führen auch zu starken Verunsicherungen auf der Nachfrageseite. Die inflationsgeplagten Kundinnen und Kunden werden vorsichtiger und passen ihr Investitions- und Kaufverhalten an. Es werden größere Investitionen verschoben, Wartungsintervalle gestreckt und der Kauf von Produkten und Dienstleistungen angepasst.

Folglich geht es in vielen Branchen und Unternehmen um die Zukunftsfähigkeit des Geschäftsmodells. Im Krisenmodus kommt deshalb dem Management und der Finanzfunktion im Unternehmen eine zentrale Bedeutung zu.

> **Bio-Läden in der Existenzfalle**
>
> Die Umsätze mit Bio-Lebensmitteln gehen merklich zurück, brechen teilweise ein, weil Konsumentinnen und Konsumenten ihr Einkaufsverhalten anpassen. Während in der Pandemie die Verbraucherinnen und Verbraucher bevorzugt hochwertige Lebensmittel einkauften, sparen jetzt viele und greifen zu Standardprodukten. Gleichzeitig treiben die steigenden Kosten für Energie, Verpackungen, Transport und Einkauf die Preise in den Läden in die Höhe. Diese Kombination aus steigenden Kosten und sinkenden Umsätzen kann Händlerinnen und Händler von Bioprodukten in die Insolvenz treiben ([4]).

1.2 Management der Inflation

Die Inflation ist ein wesentlicher Treiber für die Veränderung der Unternehmensumwelt und nimmt Einfluss auf die Wertschöpfung, die Produkte und die Dienstleistungen, aber auch auf das Kundenverhalten und die Kaufkraft der Verbraucherinnen und Verbraucher.

Stark gestiegene Energiepreise, Preissteigerungen bei Rohstoffen und Vorprodukten machen den Unternehmen zu schaffen und bedrohen die Wettbewerbsfähigkeit, insbesondere im Vergleich zu Unternehmen in Ländern mit günstigeren Energie- und Rohstoffzugängen. Die hohen Energiepreise könnten die Deindustrialisierung in Europa beschleunigen, weil dieser Produktionsstandort an Wettbewerbsfähigkeit und Attraktivität gegenüber anderen Weltregionen einbüßt. Unternehmen könnten zukünftig gezwungen sein, die Produktionsstrategie neu auszurichten und die Produktion in Regionen mit attraktiveren Rahmenbedingungen zu verlagern, was bereits schon zum Teil passiert. Die Entscheidungsträger in den Unternehmen versuchen deshalb den Spagat zwischen Effizienzsteigerungen und Preisanpassungen zu machen, um die Wettbewerbsfähigkeit zu gewährleisten.

Das Management in den Unternehmen hat die Aufgabe und auch die Verantwortung, die Auswirkungen der Inflation auf das Geschäftsmodell zu bewerten und anzupassen bzw. neu auszurichten. Die Entscheidungsträger stehen vor der Herausforderung, strategische Erfolgsfaktoren zu identifizieren und die Unternehmensziele möglicherweise zu aktualisieren. Inflationsmanagement gewinnt in den Unternehmen stark an Bedeutung.

1 Inflation im Überblick

> Das Inflationsmanagement hat die Aufgabe, die Dynamik und Komplexität der Inflation auf das Geschäftsmodell zu erfassen, zu bewerten und mit adäquaten Instrumenten und Maßnahmen darauf zu reagieren.

Das Inflationsmanagement greift auf die Instrumente des strategischen und operativen Managements zurück. Im Rahmen der strategischen Planung sind die Auswirkungen der Umweltveränderungen (Inflation) mit den Möglichkeiten des Geschäftsmodells in Einklang zu bringen. Unter dem Einfluss der Preissteigerung sind die Chancen und Risiken mit den Stärken und Schwächen eines Unternehmens zu analysieren und zu bewerten. Auf dieser Grundlage ist die Unternehmensstrategie abzuleiten und umzusetzen.

Das strategische und operative Management verfügt über umfangreiche und bewährte Instrumente, um die Umwelt- und Unternehmenssituation umfassend und tiefgründig zu erfassen und zu bewerten ([1], S. 13). In der nachfolgenden Tab. 1.1 wird der Strategieprozess und eine

Tab. 1.1 Strategieprozess und Instrumente. ([1], S. 63)

Strategieprozess	Instrumente
Zielbildung	Kennzahlen und Kennzahlensysteme: Erfolgsgrößen, Rentabilitätsgrößen, Wertorientierte Größen (Discounted Cashflow, Shareholder Value, Economic Value, CFRoI, ROCE) Nichtmonetäre Größen (Customer Experience, Net Promoter Score, Reputation)
Umweltanalyse	Plattformökonomie und Ökosysteme Marktanalyse Branchenanalyse Chancen-Risiko-Analyse Prognoseverfahren Szenario-Analyse
Unternehmensanalyse	Ressourcenanalyse Wertschöpfungskettenanalyse Stärken-Schwächen-Analyse Wettbewerbsanalyse Kostenmanagement
Strategiewahl	Portfolio-Analyse Planungsmodelle und Szenarioanalysen Business Model Innovation
Strategieimplementierung	Balanced Scorecard Objectives and Key Results Budgetierung Projektmanagement

Auswahl an möglichen Instrumenten aufgezeigt. Mit diesen Instrumenten werden die Auswirkungen der Inflation auf die unternehmerischen Ziele, sowie Effektivität und Effizienz sichtbar festgemacht.

In Situationen mit hoher Unsicherheit können auch Anwendungen auf der Basis von künstlicher Intelligenz Impulse geben, z. B. die OpenAI-basierte Anwendung ChatGPT. Der Chatbot antwortet auf Nutzerfragen mit ausformulierten Texten und durch eine Dialogfunktion lassen sich die Anfragen spezifizieren und ergänzen.

ChatGPT

Welche Maßnahmen können Unternehmen zur Bekämpfung der Inflation ergreifen?

Unternehmen haben eine Reihe von Möglichkeiten, um mit steigenden Preisen und Inflation umzugehen. Einige dieser Maßnahmen umfassen:

1. Preiserhöhung: Unternehmen können ihre Preise erhöhen, um die steigenden Kosten auszugleichen.
2. Kosteneinsparungen: Unternehmen können ihre Kosten durch die Verbesserung der Produktivität, die Automatisierung von Prozessen oder die Verlagerung von Produktionen in Länder mit niedrigeren Löhnen senken.
3. Diversifizierung: Unternehmen können ihr Angebot diversifizieren, um sich gegen die Auswirkungen von Preisschwankungen bei einzelnen Produkten oder Dienstleistungen abzusichern.
4. Hedging: Unternehmen können Finanzinstrumente wie Futures oder Optionen verwenden, um sich gegen Preisschwankungen von Rohstoffen oder Währungen abzusichern.
5. Flexible Preisstrategien: Unternehmen können flexiblen Preisstrategien anwenden, die sich an die Marktbedingungen anpassen, um damit die Preise in Abhängigkeit von Angebot und Nachfrage zu gestalten.

Es ist deshalb wichtig zu beachten, dass jede Maßnahme ihre eigenen Risiken und Chancen birgt und dass die Wahl der richtigen Strategie von den spezifischen Umständen des Unternehmens abhängt ([5]).

Zur Erfassung von Diskontinuitäten mit strategischer Bedeutung ist die Implementierung von einem Früherkennungssystem die logische Konsequenz. Ein Früherkennungssystemen verfolgt das Ziel, möglichst frühzeitig die Erfassung, Diagnose und Weitergabe von Ergebnissen von strategischer Bedeutung zu realisieren. Diese Ereignisse sind auf Chancen und Risiken für das Geschäftsmodell zu bewerten ([1], S. 310). Aus Tab. 1.2 ist eine Auswahl an Beobachtungsfeldern und Indikatoren für

Tab. 1.2 Beobachtungsfelder und die zugehörigen Indikatoren für ein betriebliches Früherkennungssystemen. ([1], S. 313)

	Beobachtungsfeld	Indikatoren (Auswahl)
Weitere Umwelt	– Volkswirtschaft – Bevölkerung – Technologie – Politik – Gesellschaft	– Veränderungen des Sozialproduktes, des Geldwertes, der Zinssätze, der Zahlungsbilanz, der Wechselkurse, des Geschäftsklimaindex – Geburtenrate, Altersstruktur, Mobilität – Technologietrends, Produkt- und Prozessinnovationen – Parteiengefüge, Regierungswechsel, Gesetzesinitiativen, Internationale Abkommen – Wertewandel (z. B. Soziale Medien, Nachhaltigkeit)
Nähere Umwelt	– Marktpotenzial – Marktstruktur	– Anzahl und Auftragsvolumen der Abnehmerinnen und Abnehmer – Position der Produkte im Produktlebenszyklus – Nachfrageverhalten der Abnehmerinnen und Abnehmer – Wettbewerbsstrategie der Konkurrenten – Marketingpolitik – Preise, Konditionen und Verhandlungsstärke der Lieferanten und Kundinnen und Kunden
Unternehmen	– Leistungsprozess – Kapital – Personal – Technologie – Organisation – Unternehmenskultur	– Stückkosten, Fehlquote, Reklamationen, Lagerbestand – Rentabilität, Cashflow, Liquidität, Eigenkapitalquote – Lohnforderungen, Fluktuationsrate, Weiterbildungsangebot und -nachfrage – Digitalisierungsgrad, Digital Leadership, Business Analytics, KI, Automatisierungsgrad – Agile Transformation, Organisationsstruktur, Dynamik, Flexibilität – Growth Mindset, Mitarbeiterzufriedenheit, Fluktuation der Mitarbeitenden

ein Früherkennungssystem ersichtlich. Die Herausforderung besteht sowohl in der Auswahl der relevanten Beobachtungsfelder als auch der Auswahl, der Messung und Bewertung der adäquaten Indikatoren.

Ein Unternehmen kann mit einem Früherkennungssystem die Auswirkungen der Inflation auf sein Geschäftsmodell erfassen und agil auf Veränderungen reagieren, z. B. Veränderung des Kundenverhaltens. Zu den Maßnahmen zählen auch die Anpassung der Organisation oder die Zusammenarbeit mit Lieferanten. Außerdem ist innerhalb des Unternehmens die Wertschöpfungskette anzupassen, z. B. Produktionsprozesse oder Innovationsmanagement. Die Zusammenhänge sind sehr vielfältig und anspruchsvoll. Als Reaktion auf die Dynamik und Komplexität ist das Management in den Unternehmen stark gefordert.

> **Integration von Vorleistungen**
>
> Die Ursachen und Auswirkungen der Inflation können auch zu einer Integration von Vorleistungen und somit zur Erhöhung der Wertschöpfungstiefe führen, um die Versorgungssicherheit zu erhöhen. So investiert z. B. das Unternehmen Apple in die eigene Halbleiterproduktion, um sich von der Mangellage am Halbleitermarkt unabhängiger zu machen. Damit wird die Technologie-, Preis- und Know how-Abhängigkeit von Lieferanten reduziert.

Die Entscheidungsträger in den Unternehmen suchen nach Strategien und Lösungen, um mit den Preissteigerungen umzugehen und um die Marge weitgehend zu sichern. Die Ausgangslage ist die Überprüfung der internen und externen Wertschöpfungskette mit dem Ziel, die Effizienz- und Effektivitätssteigerungen zu realisieren. Dazu werden strategische und operative Maßnahmen überprüft und umgesetzt. Unternehmen reagieren mit Preisanpassungen, mit versteckten Kostenweitergaben wie *Shrinkflation* (z. B. durch Anpassung der Verpackungsgröße) oder mit *Skimpflation*, (z. B. Einschränkung von Serviceangebot durch reduzierte Öffnungszeiten).

Unternehmen priorisieren bei Komponentenmangel die Produkte mit dem höchsten (relativen) Deckungsbeitrag. Ein bekanntes Beispiel ist das angepasste Produktionsportfolio in der Automobilindustrie. In der jüngsten Vergangenheit konnten Automobilhersteller mit geringerer Produktionsmenge höhere Gewinne erzielen, nachdem die Produktion auf Produkte mit dem höchsten Deckungsbeitrag angepasst wurde.

Außerdem investieren Unternehmen in digitale Schlüsseltechnologien, um gestärkt durch eine Krise zu kommen. Die konsequente Digitalisierung der Geschäftsprozesse von der Marktanalyse bis zur Compliance und Nachhaltigkeit soll die operative Effizienz verbessern. Die Investitionen in die digitale Transformation sind mit allen Unternehmensbereichen abzustimmen, um die Geschäftsziele zu erreichen und den IT-Wertbeitrag zu realisieren. Es wird das Ziel verfolgt, ineffiziente und fehleranfällige Medienbrüche zu beheben aber auch um Mitarbeitende von Routineaufgaben zu entlasten. Digitale Technologien, die schnell realisiert werden können, sind z. B. Robotic Process Automation (RPA) oder die Nutzung von Business Analytics als Grundlage für datenbasierte Entscheidungen. Es lassen sich damit beispielsweise fundiertere Planungsmodelle und Simulationen unter Berücksichtigung der Inflation durchführen. Mit den Investitionen in die digitale Transformation geht es den Unternehmen auch darum, auf Veränderungen schneller zu reagieren. Zudem sollen Lieferausfälle, Nachfrageveränderungen oder Qualitätsmängel besser gesteuert werden.

1.3 Fazit

Die multiplen Krisen stellen eine große Aufgabe für Unternehmen dar, weil Standardprozesse und Tätigkeiten über die gesamte Wertschöpfungskette nicht mehr reibungslos funktionieren. Das Management der Inflation basiert aus diesem Grund auf strategischen und operativen Instrumenten, die inflationäre Entwicklungen erfassen und bewerten. Auf der Grundlage von einem Planungsprozess entscheidet das Management die Umsetzung der Maßnahmen, welche transparent zu beschreiben sind. Zukunftsängste der Mitarbeitenden aufgrund der Auswirkungen der Inflation können das Unternehmen lähmen. In Zeiten von Krisen sind resiliente Strukturen in den Unternehmen zu schaffen, um die Widerstandsfähigkeit des Geschäftsmodells zu steigern. Aufgrund der

Umwälzungen sind Kulturwandel und Change Management von großer Bedeutung. Es braucht ein schlagkräftiges Inflationsmanagement im Unternehmen zur Steuerung der finanziellen und nicht finanziellen Auswirkungen der Inflation auf das Geschäftsmodell.

> **Ihr Transfer in die Praxis**
> - Verschaffen Sie sich einen Überblick über die Dynamik und Komplexität der Inflation auf das Geschäftsmodell.
> - Nutzen Sie Instrumente des strategischen Managements, um die interne und externe Umwelt zu analysieren und zu bewerten.
> - Bauen Sie ein Früherkennungssystem auf, um die Auswirkungen der Inflation auf Ihr Unternehmen zu erfassen und zu bewerten.
> - Schaffen Sie resiliente strategische und operative Strukturen zur Bekämpfung der Inflation.

Literatur

1. Bea, F., und Xaver, H. (2017). *Strategisches Management.* 9. Auflage. Stuttgart: UTB GmbH, UVK Lucius.
2. Cezanne, W. (1999). *Allgemeine Volkswirtschaftslehre.* 4. Auflage. München: Oldenbourg.
3. Forner, A. (2022). *Volkswirtschaftslehre: Eine praxisorientierte Einführung.* 2. Auflage. Wiesbaden: Springer Gabler.
4. Kaufmann, H. F. (2023). Trotz Rekordinflation: Kunden bleiben Bio-Fachhandel 2022 treu. https://n-bnn.de/fileadmin/user_upload/pressemitteilungen/Ab_Oktober_2022/2023/PDF/230209_BNN-Pressemeldung_Trotz_Rekordinflation_Kunden_bleiben_Bio-Fachhandel_2022_treu_09.02.23_.pdf. Zugegriffen: 24.02.2023.
5. OpenAI (2023). Welche Maßnahmen können Unternehmen zur Bekämpfung der Inflation ergreifen? https://openai.com/. Zugegriffen: 24.02.2023.

2
Inflation als Aufgabe des CFOs

> **Was Sie aus diesem Kapitel mitnehmen**
> - Welche Fragen sich CFOs zur Bekämpfung der Inflation stellen sollten.
> - Warum ein Growth Mindset in der Finanzfunktion benötigt wird.
> - Was Inflationsresilienz für die Finanzfunktion bedeutet.
> - Welche modernen Rollenprofile in der Finanzfunktion benötigt werden.
> - Warum agile Strukturen und Projektteams zur Bekämpfung der Inflation in der Finanzfunktion erforderlich sind.

CFOs und der Finanzfunktion wird eine treibende Rolle bei der Bekämpfung der Inflation im Unternehmen zuteil. Die Inflation hat weitreichende Folgen auf die finanzielle Situation und nimmt deshalb zunehmend Einfluss auf Entscheidungssituationen wie Investitionen in Anlagevermögen oder Lohnanpassungen. Mit einem Growth Mindset und modernen Kompetenzprofilen haben CFOs die Möglichkeit, Inflationsresilienz in der Finanzfunktion und im Unternehmen aufzubauen, um das Unternehmen erfolgreich durch die anspruchsvolle Inflationsphase zu führen. Die Herangehensweise zur Bekämpfung der Inflation ist multifunktional, da oftmals alle Unternehmensbereiche davon betroffen sind. Dazu wird ein schlagkräftiges Projektteam benötigt.

2.1 Inflationsresilienz

CFOs haben auch in Phasen mit einer hohen Inflationsrate die Aufgabe in Wachstum zu investieren und die finanzielle Führung im Unternehmen erfolgreich zu gestalten. Zu den Aufgaben von CFOs gehört die Identifikation und Finanzierung vielversprechender Opportunitäten, die im Einklang mit der Unternehmensstrategie stehen. Die Grundlage ist eine gezielte Kapitalallokation in Projekte mit dem höchsten Potenzial für eine langfristige Rendite. Das erfordert eine wettbewerbsfähige Kostenstruktur des Geschäftsmodells, die Identifikation von Kosteneinsparungen und die erfolgreiche Umsetzung von Rationalisierungsmaßnahmen. In diesem Zusammenhang gehört ebenfalls zur Aufgabe eines CFOs, die Investitionen in M&A, Anlagen und Maschinen, Geschäftsprozesse, Produkte, Innovationen, Technologien, Nachhaltigkeit, Fachkräfte und Talententwicklung zu überprüfen.

Die erfolgreiche Adaption an neue Rahmenbedingungen, wie an ein verändertes Preisniveau, funktioniert nur mit einer unterstützenden Unternehmenskultur. An dieser Stelle sind die Geschäftsleitung und der CFO gefordert, ein Growth Mindset im Unternehmen zu etablieren, welches Veränderungen und Weiterentwicklungen der Mitarbeitenden und des Geschäftsmodells fördert ([8], S. 23). Somit ist ein Nährboden zu schaffen, der es den Mitarbeitenden ermöglicht, sich das fehlende Wissen im Umgang mit der Inflation anzueignen und erfolgreich umzusetzen. Diese DNA ist bei allen Mitarbeitenden, funktionsunabhängig und über alle Hierarchiestufen hinweg, zu implementieren und zu leben.

Die Voraussetzung für die Bewältigung der vielfältigen Aufgaben ist ein modernes CFO-Kompetenzmodell, das die traditionellen Aufgaben der Finanzfunktion erfüllt und sich gleichzeitig aktiv in die Weiterentwicklung vom Geschäftsmodell einbringt ([1]).

CFOs sind *Motor des Wandels*. Mit konkreten Zielbildern und Konzepten bringen sie mit den Entscheidungsträgern die Transformation voran und stärken die Resilienz des Unternehmens. Sie nutzen die Krisen als Katalysator und halten die Veränderungsgeschwindigkeit im Unternehmen hoch. Erfolgreiche CFOs und Finanzfunktionen erkennen und nutzen Veränderungen als Chance und formulieren und leiten Transformationsschritte ein ([8], S. 22 f.). Sie bewegen sich dabei im Spannungsfeld zwischen Stabilität und Anpassungsfähigkeit (Organisationale Resilienz). In einem inflationären Umfeld ist es hilfreich, sich als CFO folgende Fragen zu stellen ([3]):

- Wie sichern wir die Wettbewerbs- und Zukunftsfähigkeit?
- Welche Kosten sollten wir senken, um die kurz- mittel- und langfriste Rentabilität zu verbessern?
- Wie können wir die Entscheidungsträger und Budgetverantwortlichen davon überzeugen, Kompromisse bei ihren Budgets zu machen?
- Wie kommen wir durch gezielte Investitionen gestärkt aus der Krise?
- In welche Technologien investieren wir zukünftig zur Senkung der Betriebskosten und zur Weiterentwicklung des Geschäftsmodells?

Gerade bei multiplen Krisen ist eine ausgewogene interne und externe finanzielle Betrachtung unter Einbezug aller Stakeholder notwendig. CFOs haben die Aufgabe, die Informationsintensität im Zusammenhang mit der Inflation zu ermitteln und steht vor den Herausforderungen, dass sich die Inflationsrisiken auf unterschiedliche Fachbereiche im Unternehmen auswirken. Dazu sind interne und externe Daten zu erheben, um zu ermitteln, wo und wie die Inflation das Unternehmen beeinflusst und ob diese Einflüsse positiv oder negativ sind. Es braucht aber vor allem aktuelle und präzise finanzielle Informationen als Entscheidungsgrundlage für das Management. Daraus aufbauend werden Maßnahmen definiert, die die langfristige Profitabilität sichern und die Inflationsresilienz im Unternehmen mit Unterstützung vom CFO und der Finanzfunktion anstreben.

> Inflationsresilienz ist die Fähigkeit, unter Einsatz fachlicher, sozialer, persönlicher und kommunikativer Kompetenzen, die finanziellen und nicht finanziellen Auswirkungen der Inflation auf das Geschäftsmodell erfolgreich zu bewältigen.

Die Inflationsresilienz umfasst alle Themenfelder der Finanzfunktion im Unternehmen:

- *Inflation Finance* unterstützt das Unternehmen durch adäquate Verfahren der Investitionsrechnung bei Investitionsentscheiden unter Berücksichtigung von Inflation. Im Rahmen von Inflation Finance wird aufgezeigt, wie sich Kapitalkosten und der Wertbeitrag von Investitionen durch die Inflation verändern. Ein adäquates Verhalten sichert die kurz-, mittel- und langfristige Verfügbarkeit der finanziellen Mittel und damit die Zukunftsfähigkeit des Unternehmens.
- *Inflation Controlling* verantwortet die planenden, steuernden und kontrollierenden Aufgaben der Inflationsbekämpfung, um die Wirksamkeit der Maßnahmen gegen die Inflation zu unterstützen.
- *Inflation Accounting* zeigt die Handlungsfelder im Accounting in Bezug auf Inflationseffekte unter Berücksichtigung von Rechnungslegungsstandards auf. Das erfordert eine fundierte Kenntnis und Analyse der Bewertungsvorschriften für Aktiva (Aktiven) und Passiva (Passiven) sowie den damit verbundenen, möglichen Effekten aus der Umrechnung von Werten fremder Währung. Ebenfalls zentral ist, auch in Zeiten steigender Inflation, die Gewährleistung der Verlässlichkeit der Rechnungslegung.

Das fundierte Wissen der Finanz- und Betriebsbuchhaltung im Unternehmen ist ein wichtiger Erfolgsfaktor, um die mittelbaren und unmittelbaren sowohl finanziellen als auch nicht finanziellen Effekte der Inflation auf das Geschäftsmodell zu meistern. Damit verbunden ist eine moderne, flexible Finanzorganisation mit modernen Rollenprofilen und Kompetenzmodellen der Mitarbeitenden.

2.2 Finanzfunktion als Business Partner

CFOs unterstützen die Lern- und Anpassungsfähigkeit von Unternehmen und Mitarbeitenden, um gestärkt aus der Inflationskrise zu kommen. Dazu braucht man motivierte Mitarbeitenden, die Ideen, Verbesserungsvorschläge und Innovationen einbringen. Die Mitarbeitenden in der Finanzfunktion benötigen neben dem Finanz-Fachwissen z. B. auch Kompetenzen in den Bereichen Management, Data Science, Digitale Transformation und Nachhaltigkeit.

Ein bewährtes Kompetenzmodell für Unternehmen und die Finanzfunktion ist das T-Shaped Modell ([5]). Die Mitarbeitenden im Unternehmen beherrschen das Basiswissen, verfügen jedoch ebenfalls über ein Breitenwissen, um das Unternehmen in allen Bereichen zu verbessern. Damit lässt sich z. B. das Kompetenzprofil T-Shaped Controller definieren ([2], S. 66). Das kann ein Controller mit fundiertem Controllingwissen sein, der aber zusätzlich eine Weiterbildung in Business Analytics abgeschlossen hat, agile Methoden beherrscht und dadurch interdisziplinäre Workshops zur Kosteneinsparung moderiert. In der Abb. 2.1. ist das Konzept von einem T-Shaped Controller dargestellt. ([6], S. 44).

Die Weiterentwicklung der Mitarbeitenden in der Finanzfunktion ist eine kontinuierliche Aufgabe von CFOs, die unabhängig von der Inflation voranzutreiben ist. Die Grundlage dazu ist ein Growth Mindset in der Finanzfunktion, das vom CFO gefördert wird.

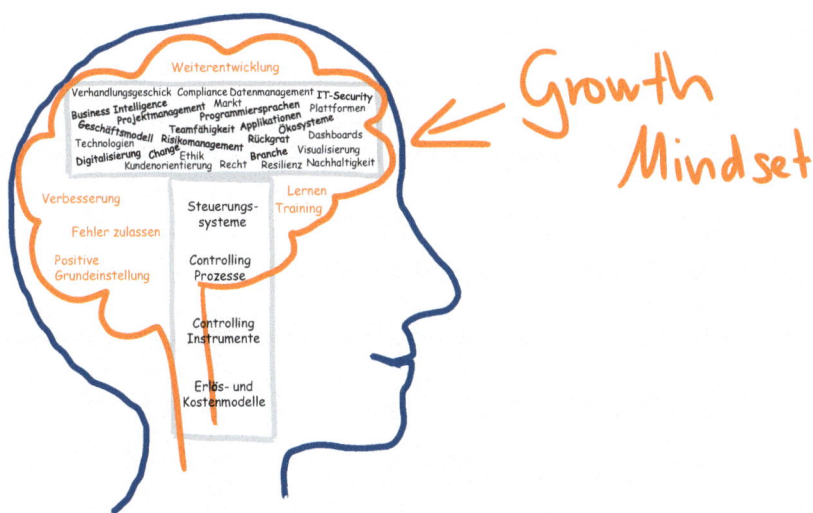

Abb. 2.1 T-Shaped Controller. ([6], S. 44)

Oftmals sind auch organisatorische Anpassungen im Unternehmen und in der Finanzfunktion notwendig, um agil auf die dynamischen Umweltentwicklungen reagieren zu können (Agile Finance). Agilität bietet eine Chance, um den Herausforderungen der Inflation zu begegnen. Das Mindset *„Being Agile"* und die operative Umsetzung *„Doing Agile"* bildet die Grundlage für Unternehmen, schneller und flexibler auf Marktveränderungen zu reagieren ([7], S. 31). Zunehmend gewinnen agile Werte, Prinzipien, Methoden und Instrumente in der Finanzfunktion an Bedeutung und es gibt schon zahlreiche Erfolgsbeispiele zum Themenfeld Agile Finance und Agile Controlling.

> **Agile Controlling**
>
> Unter Agile Controlling ist zu verstehen, dass eine Controlling-Funktion die Erbringung des größtmöglichen (internen) Kundenmehrwerts in den Mittelpunkt ihres täglichen Arbeitens stellt. Sie etabliert dafür ein Agiles Mindset, greift auf eine Toolbox von klassischen und agilen Methoden zurück und ist in der Lage, die jeweils zu einer Situation oder Aufgabe passende Methode anzuwenden (Cynefin Modell).
>
> Der Wert des Agilen Controllings besteht darin, schneller und flexibler auf die Herausforderungen der VUCA-Welt zu reagieren ([7], S. 31). Das Controlling soll mit diesen Eigenschaften auch der Dynamik der Inflation gerecht werden.

Die Inflationsaufgaben im Unternehmen sind anspruchsvoll. Es wird das Wissen über alle Ressourcen, Geschäftsprozesse, Produkte, Kunden vom Unternehmen benötigt, um die notwendigen Aufgaben und Aktivitäten zur Inflationsbekämpfung zu definieren und umzusetzen. Mit agilen Projektteams steht ein Organisationskonzept zur Verfügung, um die Aufgaben interdisziplinär zu lösen.

Ein wichtiger Erfolgsfaktor ist die Zusammenstellung des Projektteams, welches sich aus allen wichtigen Entscheidungsträgern im Unternehmen zusammensetzt: Einkauf, Produktion, Vertrieb, HR. Die funktionsübergreifende Zusammenarbeit ist entscheidend, um die Wirkung von Verbesserungen und Optimierungen zu steigern. Das Projektteam startet mit der Umsetzung einfacher, aber wirkungsvoller Maßnahmen, um Erfolge aufzuzeigen, aber auch, um Vertrauen bei der funktionsübergreifenden Zusammenarbeit aufzubauen. Alle Maßnahmen haben weitreichende finanzielle Auswirkungen, deshalb sollte das Team im Verantwortungsbereich des CFOs stehen, der die Projektverantwortung z. B. an das Controlling delegiert.

Mit einer modernen Finanzfunktion unterstützen und gewährleisten CFOs und die Mitarbeitenden in der Finanzabteilung die Anpassungsfähigkeit an den Wandel. Alle Geschäftsbereiche, Marken, Produkte, Dienstleistungen, Produktionen, Geschäftsprozesse, Lieferanten und Kunden sind zu hinterfragen, neu zu bewerten und hinsichtlich Effizienz und Zukunftsfähigkeit zu prüfen. Die Finanzorganisation unterstützt die monetäre und nicht monetäre Analyse mit entsprechenden Instrumenten, um die finanziellen Auswirkungen der Maßnahmen aufzuzeigen und um eine Entscheidungsgrundlage zur Verfügung zu stellen. Allerdings sollte auch die Dringlichkeit von Lösungswegen kommuniziert werden. Die Mitarbeitenden im Unternehmen sind regelmäßig über die Ziele der Inflationsmaßnahmen zu informieren.

Mit einem kundenorientierten, agilen Servicemodell etabliert sich die Finanzfunktion als Business Partner und trägt durch die Zusammenarbeit mit allen Unternehmensbereichen zur erfolgreichen Bekämpfung der Inflation bei. Dies erfordert jedoch Investitionen in Technologien zur Optimierung der Prozesse in der Finanzfunkton, um sie effizienter und effektiver zu machen. Nicht nur durch die Inflation ist die Finanzfunktion auf die funktionierende Verzahnung der Informationsflüsse der internen und externen Stakeholder angewiesen. Sondern es ist auch sicherzustellen, dass die Unternehmensdaten die finanzielle Leistung genau widerspiegeln und durch ein modernes Reporting mit erweiterten Analysemöglichkeiten abbilden. Das Datenmanagement bildet die Voraussetzung, um mit modernen Analyse-Tools, aktuelle Erkenntnisse zu den Auswirkungen der Inflation den Entscheidungsträgern bereitzustellen und damit die Entscheidungsfindung im Unternehmen zu verbessern. Um der aktuellen Entwicklung Rechnung zu tragen, sind auch die Aussagekraft vom Steuerungssystem zu überprüfen. Aufgrund der veränderten wirtschaftlichen Situation ist oftmals ein Redesign der relevanten Kennzahlen für die gezieltere Entscheidungsunterstützung notwendig ([4]).

Ein wichtiges Instrument zur Kommunikation ist ein aussagekräftiges Reporting-Tool. Mit einem engmaschigen Reporting erfolgt die Überwachung der Wirksamkeit der Inflationsmaßnahmen mit den relevanten kurz-, mittel- und langfristen Finanzkennzahlen. Ein modernes, aktuelles Reporting wird zu einem wichtigen Handwerkszeug, um Zahlungsströme und das Liquiditätsmanagement zu beobachten, zu analysieren und um schnelle Entscheidungen zu treffen.

2.3 Fazit

CFOs übernehmen mit einer schlagkräftigen Finanzfunktion eine Führungsrolle bei der Bekämpfung der Inflation und bei dem Aufbau der Inflationsresilienz im Unternehmen. Sie sind gefordert, Rahmenbedingungen, insbesondere ein Growth Mindset aufzubauen und zu etablieren, das proaktive Maßnahmen bei den Mitarbeitenden zur Bekämpfung der hartnäckigen Inflation fördert. Eine zentrale Aufgabe vom CFO ist die Kommunikation und Koordination der Inflationsmaßnahmen im Unternehmen. Für viele Mitarbeitende ist die inflationäre Entwicklung tatsächlich Neuland im beruflichen und privaten Alltag. Es besteht deshalb erhebliche Unsicherheit im konsequenten Umgang mit der Preissteigerung und dem Einsatz der richtigen betriebswirtschaftlichen Instrumente, um den Kostendruck abzufedern. Entsprechend besteht auch oft Unsicherheit bei den Mitarbeitenden über die Konsequenzen ihrer Handlungen. Ein Projektteam zur Unterstützung und Begleitung der Inflationsmaßnahmen im Unternehmen ist deshalb ein wichtiger Erfolgsfaktor. In Krisenzeiten verlangt es von allen Beteiligten eine hohe Dynamik und eine schnelle Reaktionsgeschwindigkeit in Bezug auf die sich schnell verändernde Rahmenbedingungen. Jedes Unternehmen ist gut beraten, Überlegungen zur Inflationsresilienz anzustellen.

Ihr Transfer in die Praxis

- Etablieren Sie ein Growth Mindset im Unternehmen und in der Finanzfunktion, um die Herausforderungen der Inflation zu meistern.
- Inflationsresilienz wird zum wichtigen Erfolgsfaktor und Wettbewerbsvorteil, um die Zukunftsfähigkeit vom Geschäftsmodell zu sichern.
- Inflationsresilienz wird durch alle Bereiche der Finanzfunktion geschaffen.
- Bauen Sie ein interdisziplinäres und agiles Team zur Bekämpfung der Inflation unter der Führung des CFOs auf.
- Schaffen Sie die Voraussetzungen für *„Doing Agile"* und *„Being Agile"* in der Finanzfunktion und im Unternehmen, um dynamisch auf die Inflation zu reagieren.
- Kommunizieren und begründen Sie transparent und nachvollziehbar die Ziele und Maßnahmen zur Inflationsbekämpfung.

Literatur

1. Egle, U., und Gisler, M. (2022). Ein Digital CFO benötigt 9 Kompetenzen, um die Transformation gestalten zu können. In Blog Post https://www.haufe.de/controlling/controllerpraxis/digital-cfo-benoetigt-9-kompetenzen-fuer-die-transformation_112_558082.html. Zugegriffen: 24.02.2023.
2. Egle, U., Lehmann, M.-L., und Keimer, I. (2021). Der T-Shaped Controller: Das Controlling-Rollenprofil im komplexen Umfeld. *Controller Magazin*, 42(4), 64–69.
3. Gartner (2022a). 9 Actions for Winning Through a Recession: A 2022-2023 Playbook for Finance Leaders. https://www.gartner.de/de/finance/trends/playbook-zur-rezession-fuer-finanzleiter. Zugegriffen: 21.01.2023.
4. Gartner (2022b). https://www.gartner.com/en/finance/research. Zugegriffen: 24.02.2023.
5. Guest, D. (1991). The hunt is on for the Renaissance Man of Computing. In: *The Independent*. September 17, 1991.
6. Keimer, I., und Egle, U. (2023). Nachhaltigkeit im Controlling: Mit Growth Mindset zu neuen Kompetenzen. *Controller Magazin*, 44(1), 36–41.
7. Lehmann, M.-L. Keimer, I., und Egle, U. (2021). Agile Controlling – Grundlagen Agilität: Agile Methoden und Agilen Mindset sinnstiftend im Controlling einsetzen. *Controller Magazin*, 42(1), 10–15.
8. Wenning, A., Ries, M., und Slavutski, R. (2023). Finance in Zeiten multipler Krisen – wie CFOs sich auf die Herausforderungen der modernen VUCA-Welt vorbereiten. In: *Rethinking Finance*, 5(1), 20–25.

3
Inflation Finance

> **Was Sie aus diesem Kapitel mitnehmen**
> - Wie die Kapitalkosten von der Inflation beeinflusst werden.
> - Wie im Rahmen einer Investitionsrechnung die Inflation berücksichtigt wird.
> - Wie der Unternehmenswert von der Inflation betroffen ist.
> - Wie das Asset and Liability Management in Bezug auf Inflation angepasst wird.
> - Wie die Finanzierung optimal auf mögliche Zinsveränderungen ausgerichtet wird.

3.1 Inflation und Zinsveränderungen

Nach einer langen Zeit mit sehr tiefen Inflationsraten hat die Teuerung im Jahr 2022 weltweit, und teilweise sehr abrupt, wieder angezogen. In Deutschland betrug die Inflation Ende 2022 gegenüber dem Preisniveau des Vorjahres rund 10 % ([15]), in baltischen Staaten sogar zeitweise 20 % oder mehr. Bei einer Inflationsrate von 10 % halbiert sich die Kaufkraft des Geldes in sieben Jahren, bei einer Inflationsrate von 20 % dauert eine solche Halbierung sogar nur drei Jahre.

Die Gewährleistung der Preisstabilität ist jedoch eine der Kernaufgaben von Zentralbanken. Sie sollen mit ihrer Geldpolitik für eine stabile und vor allem tiefe Inflationsrate sorgen ([13]). Es ist zwar diskutabel, wie genau „Preisstabilität" zu definieren ist. Doch die Schweizerische Nationalbank (SNB) hat zum Beispiel ein Zielband von 0 bis 2 % für die Inflation festgelegt ([14]). Wenn nun eine Zentralbank einen generellen bzw. unerwünschten Anstieg der Inflation erwartet, wird sie mit Zinsanhebungen versuchen, die Nachfrage nach Gütern und Dienstleistungen zu drosseln.

Die Zinserhöhungen sollen zur gewünschten Drosselung der Nachfrage führen, was eine Notenbank konkret mit einer Reihe von verschiedenen Instrumenten erreichen kann. Die SNB kann Repo-Geschäfte, Devisenkäufe und die Festlegung des Zinses auf Sichtguthaben von Banken und anderen Finanzmarktteilnehmern bei ihr einsetzen ([12]).

Da ein Zinsanstieg nur indirekt auf die Inflation wirkt, ist der Mechanismus allerdings komplex, wie beispielsweise Lein (2022) erläutert. So dämpft ein Zinsanstieg die Nachfrage nach Konsum- und Investitionsgütern, denn ein Zinsanstieg macht Kredite teurer. Dies wirkt sich wiederum negativ auf die Investitionstätigkeit von Unternehmen aus. Außerdem sparen Haushalte und Firmen bei höheren Zinsen mehr und im Gegenzug konsumieren sie entsprechend weniger. Weiter schwächt ein Zinsanstieg auch die Nachfrage nach z. B. Schweizer Exportgütern, weil sich der Schweizer Franken bei steigenden Zinsen tendenziell aufwertet. Jedoch mindestens ebenso wichtig, wenn nicht sogar noch wichtiger, ist die Beeinflussung der Inflationserwartungen. Es ist wünschenswert, dass Unternehmen und Privatpersonen davon überzeugt sind, dass die Zentralbank die Inflation zum Zielwert zurückführt. Dann werden zwar einige Firmen ihre Preise in kurzen inflationären Phasen aufgrund höherer Kosten anheben, jedoch werden sie nicht noch weitergehende Preisanstiege vorwegnehmen, da sie von einer zukünftig wieder tieferen Inflation ausgehen ([6]).

Nachfolgende Abb. 3.1 zeigt die Preis- und Zinsentwicklungen für die Schweiz auf. Neben dem SNB-Leitzins, dem Geldmarktsatz (SARON) und der Rendite für Anleihen der Schweizerischen Eidgenossenschaft mit 10-jähriger Laufzeit (sog. „Eidgenossen") sind auch die Inflationswerte gemessen anhand des Landesindex der Konsumentenpreise (LIK) dar-

3 Inflation Finance 23

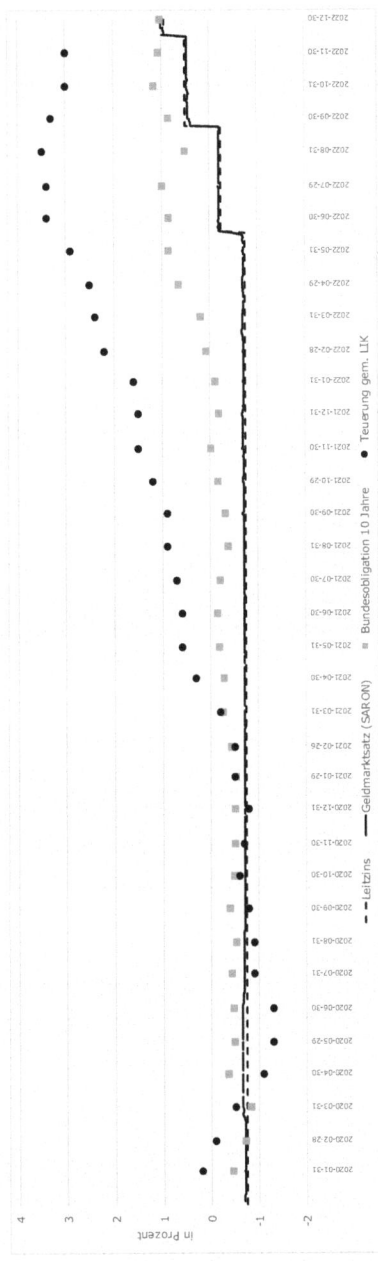

Abb. 3.1 Preis- und Zinsentwicklung Schweiz [9–11, 16]

gestellt. Es wird deutlich, dass die SNB als Reaktion auf die inflationäre Entwicklung den Leitzins nach einer langen Tiefzinsphase wieder deutlich angehoben hat, was sich entsprechend auf die Geldmarkt- und Kapitalmarktsätze ausgewirkt hat.

3.2 Ausgangslage zum Fallbeispiel Optiker AG

Die Optiker AG deckt als Hersteller, Großhändler und Einzelhändler die komplette Wertschöpfungskette der augenoptischen Branche ab. Sie betreibt in Mittel- und Südosteuropa rund 500 Optikergeschäfte. Die Optiker AG beabsichtigt, per Ende 2023 in einer mittelgroßen Schweizer Stadt ein neues Geschäft zu eröffnen, weil sie hier bis dahin noch nicht vertreten ist. Zu diesem Zweck macht die Firma, basierend auf dem Business Case, eine Wirtschaftlichkeitsrechnung über die Projektdauer von fünf Jahren, wie Tab. 3.1 zeigt. Per Ende 2023 werden die einmaligen Investitionen in die betriebliche Infrastruktur (Mobiliar, Beleuchtung, Elektroinstallationen etc.) berechnet. In den fünf Betriebsjahren werden die zusätzlich anfallenden Verkaufserlöse, Personal-, Material- und übrige Aufwendungen geschätzt. In der Summe wird jeweils der zusätzliche jährliche EBITDA ermittelt. Als rechnerische Vereinfachung wird angenommen, dass die Zielwerte bereits im ersten Betriebsjahr erreicht werden. So ist der EBITDA in jedem Planjahr gleich hoch. Die Steuern werden in diesem Fallbeispiel nicht berücksichtigt. Die jährlichen Free

Tab. 3.1 Ausgangslage Optiker AG (in TCHF)

Jahr	0	1	2	3	4	5
Nettoerlös		400	400	400	400	400
Personalaufwand		-150	-150	-150	-150	-150
Materialaufwand/übr. Aufwand		-120	-120	-120	-120	-120
EBITDA		130	130	130	130	130
Investition	-500					
Free Cashflow Entity	-500	130	130	130	130	130
WACC (Kapitalkostensatz)	6,00 %					
Net Present Value (NPV)	47,61					
Internal Rate of Return (IRR)	9,43 %					

Cashflow Entity werden mit dem Gesamtkapitalkostensatz (WACC) von 6 % diskontiert. Es resultiert ein Projektwert (Net Present Value NPV) von TCHF 47,61 und eine Projektrendite (Internal Rate of Return IRR) von 9,43 %.

3.3 Grundschema der Bewertung mittels TVM-Konzepts

Um anschließend in den weiteren Abschnitten die Auswirkungen von Inflation und gestiegener Zinssätze aufzeigen zu können, wird zuerst als Grundlage das Konzept des Zeitwerts des Geldes (engl. Time Value of Money, TVM) kurz umrissen. Zudem wird in diesem Abschnitt dargelegt, wie Finanzinstrumente, Projekte sowie ganze Unternehmen im Grundsatz bewertet werden.

Das gesamte Konzept des Zeitwerts des Geldes basiert auf dem Umstand, dass es vorteilhafter ist, einen bestimmten Zahlungsstrom sofort, das heißt jetzt, zu erhalten als eine identische Summe zu einem späteren Zeitpunkt. Der Zeitwert des Geldes gehört zu den Faktoren, die bei der Abwägung der Opportunitätskosten von Ausgaben gegenüber dem Sparen oder Investieren von Geld berücksichtigt werden. Als solcher ist er einer der Gründe, warum Zinsen bezahlt oder erwirtschaftet werden. Zinsen, sei es auf einer Bankeinlage oder einer Schuld, entschädigen den Einleger oder Kreditgeber für den Verlust der Nutzung des entsprechenden Geldbetrages. Anleger sind nur dann bereit, ihr Geld jetzt nicht auszugeben, wenn sie eine adäquate Rendite für ihre Anlage erwarten dürfen, so dass der später verfügbare Wertzuwachs hoch genug ist, um sowohl die Präferenz, das Geld jetzt auszugeben, als auch die erlittene bzw. erwartete Inflation auszugleichen.

Für die zeitliche Umrechnung von Zahlungsströmen wird ein Zinssatz zum Aufzinsen oder Abzinsen verwendet. Beim Abzinsen spricht man auch vom Diskontieren mit dem sogenannten Diskontsatz. Dieser Zinssatz entspricht der Rendite- bzw. der Verzinsungserwartung von Kapitalgebern ([7], S. 86 ff.).

Vereinfacht gesagt entspricht der heutige Wert, auch Barwert genannt, eines Finanzinstruments den diskontierten erwarteten Zahlungsflüssen.

Beispielsweise hat eine Anleihe mit einer Restlaufzeit von genau einem Jahr, einem festen Couponzinssatz von 1 % und einer definierten Rückzahlung zu 100 % bei einem aktuellen Marktzinssatz von 1 % heute einen Barwert von 100 %. Falls ich 100 Geldeinheiten heute in diese Anleihe investiere, erhalte ich in einem Jahr 101 Geldeinheiten zurück (Nominalbetrag von 100 plus Zins von 1). Der zukünftige Geldfluss von 101 wird wie folgt diskontiert, um den Barwert zu berechnen:

$$\text{Barwert} = \text{zukünftiger Cashflow} / (1 + \text{Zinssatz})^t$$
$$= 101 / (1 + 0{,}01)^1 = 100$$

Dasselbe Konzept kann man auch auf Projekte anwenden, die im Gegensatz zum vorangehenden Beispiel nicht nur aus einem zukünftigen Cashflow bestehen. Ein Projekt weist, wie in Abschn. 3.1 dargelegt, eine Reihe zukünftiger Geldflüsse auf. Typischerweise folgen auf eine Investition ganz zu Beginn jeweils diverse positive Rückflüsse. Auch hier kann man im Rahmen der Investitionsrechnung den Wert des Investitionsprojekts zum Startzeitpunkt 0 bestimmen, indem man sämtliche Barwerte der (positiven wie negativen) erwarteten Cashflows während der Projektlaufzeit summiert. Die folgende Abb. 3.2 visualisiert das entsprechende Grundschema.

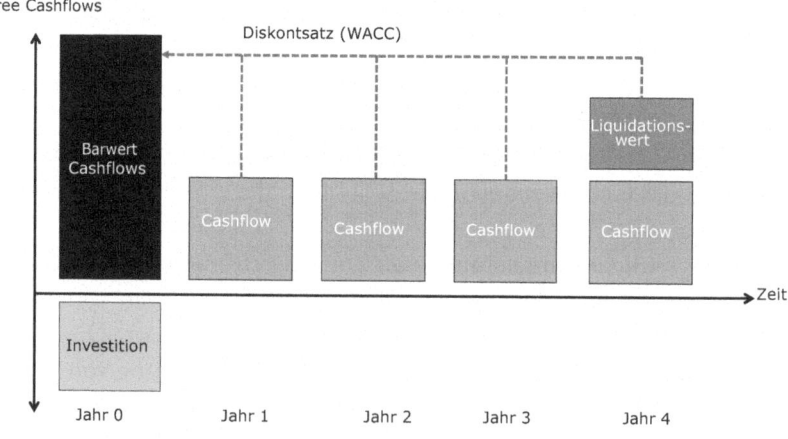

Abb. 3.2 Grundschema der Bewertung

Eine analoge Denkweise kann man auch für die Bewertung von Unternehmen heranziehen. Vereinfacht gesagt kann man ein Unternehmen als Summe der getätigten Projekte betrachten und demnach auch als Summe aller zukünftig zu erwirtschaftenden Cashflows beschreiben. Die Summe aller Barwerte der zukünftigen Cashflows entspricht dann dem Unternehmenswert. Im Unterschied zu einem einzelnen Projekt geht man bei Unternehmen jedoch von einer theoretisch unendlich langen Unternehmenslebensdauer bzw. unendlich langen Laufzeit aus. Da jedoch sehr weit in der Zukunft liegende Zahlungsflüsse einen sehr tiefen Barwert haben, fallen diese kaum ins Gewicht bei der Unternehmensbewertung.

Gleichgültig, ob es sich nun um die Bewertung von einzelnen Finanzströmen, Finanzinstrumenten, Projekten oder Unternehmen handelt, man benötigt zur Berücksichtigung des Zeitwerts von Geld einen Zins- bzw. Diskontsatz. Im nachfolgenden Abschnitt wird dargelegt, wie sich steigende Zinsen auf die von Unternehmen verwendeten Diskontsätze für die Bewertung auswirken.

3.4 Kapitalkosten mit Inflation

Kapitalgeberinnen und Kapitalgeber erwarten von Unternehmen im Gegenzug für das Zurverfügungstellen von Kapital eine angemessene Rendite. Diese Entschädigungen stellen aus Unternehmenssicht die Kapitalkosten dar und setzen sich aus dem gewichteten Durchschnitt von Eigen- und Fremdkapitalkosten zusammen.

Für die Gewichtung werden beim Fremdkapital ausschließlich verzinsliche Positionen berücksichtigt. Dies bedeutet, dass Fremdkapitalpositionen wie beispielsweise Verbindlichkeiten aus Lieferungen und Leistungen nicht zu berücksichtigen sind. Auf der Eigenkapitalseite werden bei kotierten Unternehmen üblicherweise Marktwerte verwendet, die sogenannte Börsenkapitalisierung. Im Fall von nicht an der Börse gelisteten Firmen sind keine Marktwerte verfügbar. In diesem Fall können Buchwerte oder angepasste Buchwerte verwendet werden.

Für überlassenes Fremdkapital wird eine Zinszahlung vereinbart, die sich jeweils an den geltenden Marktkonditionen orientiert, wobei die Laufzeit und das Kreditrisiko mitunter entscheidende Faktoren für die

Höhe des Kreditzinssatzes sind ([7], S. 145 f.). Die Fremdkapitalkosten werden wie folgt berechnet:

$$k_{FK} = r_f + CS$$

wobei:

k_{FK} = Fremdkapitalkostensatz
r_f = Risikoloser Zinssatz
CS = Credit Spread (Kreditaufschlag für ein bestimmtes Kreditrisiko)

Für die Optiker AG kann man die Fremdkapitalkosten bei einem risikolosen Zinssatz von 0,5 % und einem angenommenen Kreditaufschlag von 2 % wie folgt berechnen:

$$k_{FK} = 0,50\ \% + 2,00\ \% = 2,50\ \%$$

Im Gegensatz zu den Fremdkapitalkosten sind die Kosten des Eigenkapitals zu schätzen. Dies erfolgt in der Praxis anhand von verschiedenen Ansätzen. Häufig wird dazu das Capital Asset Pricing Model (kurz CAPM) herangezogen. Der Ansatz basiert auf der Rendite einer risikofreien Anlage (bspw. einer Staatsanleihe) als Basis. Da Investitionen in Aktien mit Risiko behaftet sind, wird zur risikofreien Basis (r_f) ein unternehmensspezifischer risikoabhängiger Risikozuschlag (Beta x Marktrisikoprämie) addiert ([7], S. 125 f.).

Für die Optiker AG verwendet man den gleichen risikolosen Zinssatz von 0,5 % wie beim Fremdkapital, ein Beta von 1,2 sowie eine Marktrisikoprämie von 7,5 %. Das ergibt den folgenden Eigenkapitalkostensatz:

$$k_{EK} = r_f + \text{Beta} \times \text{Marktrisikoprämie}$$
$$k_{EK} = 0,50\ \% + 1,2 \times 7,50\ \% = 9,50\ \%$$

Für die Optiker AG kann man davon ausgehen, dass sich das Unternehmen je hälftig mit Eigen- und mit verzinslichem Fremdkapital finanziert. Damit können wir die vorangehend berechneten Kostensätze für Fremd- und Eigenkapital verwenden und in die Formel der durchschnittlich gewichteten Kapitalkosten (engl. Weighted Average Cost of Capital, kurz WACC) einsetzen:

$$WACC = k_{FK} \times FK\text{-Anteil} + k_{EK} \times EK\text{-Anteil}$$
$$WACC = 2,50\,\% \times 0,50 + 9,5\,\% \times 0,50 = 6,00\,\%$$

Zusammenfassend kann man festhalten, dass der Zinssatz für die risikolose Anlage r_f sowohl im Fremdkapitalkostensatz k_{FK} als auch im Eigenkapitalkostensatz k_{EK} enthalten ist.

Wenn nun inflationsbedingt der Zinssatz für die risikolose Anlage r_f um 2 Prozentpunkte steigt, wirkt sich diese Erhöhung in zweifacher Hinsicht auf den WACC aus. Erstens verlangt die kreditgebende Bank mehr Zins für den Kredit, wenn wir vom gleichen Credit Spread ausgehen. Die Finanzierungskosten k_{FK} steigen für die Optiker AG auf 4,5 %.

$$k_{FK,neu} = 2,50\,\% + 2,00\,\% = 4,50\,\%$$

Zweitens verlangt der Eigenkapitalgeber eine höhere Rendite für das Zurverfügungstellen von Eigenkapital, weil der risikolose Zinssatz r_f auch in der Formel des CAPM enthalten ist. Der Eigenkapitalkostensatz k_{EK} erhöht sich somit für die Optiker AG auf 11,5 %.

$$k_{EK,neu} = 2,50\,\% + 1,2 \times 7,50\,\% = 11,50\,\%$$

Dies führt bei sonst gleichen Bedingungen zu einer Erhöhung des Gesamtkapitalkostensatzes WACC um 2 Prozentpunkte auf 8 %.

$$WACC_{neu} = 4,5\,\% \times 0,50 + 11,5\,\% \times 0,50 = 8,00\,\%$$

Die Fisher-Gleichung beschreibt den benannten Zusammenhang zwischen dem nominalen Zinssatz, dem realen Zinssatz und der erwarteten Inflationsrate. Die Fisher-Gleichung besagt, dass der nominale Zinssatz in etwa der Summe von realem Zinssatz und erwarteter Inflationsrate entspricht ([7], S. 101 f.).

$$\text{Zinssatz}_{nominal} = \text{Zinssatz}_{real} + \text{erwartete Inflationsrate}$$

In Analogie zur Fisher-Gleichung resultiert mit der Erhöhung der Inflationserwartung von 2 Prozentpunkten der folgende neue Kapitalkostensatz ($WACC_{neu}$):

$$WACC_{neu}(\text{vereinfacht}) \approx WACC_{alt} + \text{Erhöhung erwartete Inflationsrate} = 6,00\% + 2,00\% = 8,00\%$$

Es lässt sich aus der vereinfachten Version der Fisher-Gleichung die exakte Version ableiten ([7], S. 101).

$$WACC_{neu,exakt} = (1 + WACC_{alt}) \times (1 + \text{Erhöhung erwartete Inflationsrate}) - 1 = (1 + 0,06) \times (1 + 0,02) - 1 = 8,12\%$$

Im nächsten Abschnitt wird mit der exakten Version der Fisher-Gleichung gerechnet und von einem neuen exakten WACC von 8,12 % ausgegangen.

Gemäß den von der PwC ermittelten Kapitalkostendaten ist der durchschnittliche WACC (inkl. Steuereffekte) in der Branche „Industrie" von 6,9 % im Januar 2022 auf 8,4 % im Dezember 2022 gestiegen. Das entspricht einer Erhöhung der Inflationserwartung um 1,5 Prozentpunkte. In der Branche „Technologie" hat sich der durchschnittliche WACC im gleichen Zeitraum von 8,3 % auf 10,1 % erhöht. Die Erhöhung beträgt 1,8 Prozentpunkte, wie nachfolgende Abb. 3.3 zeigt.

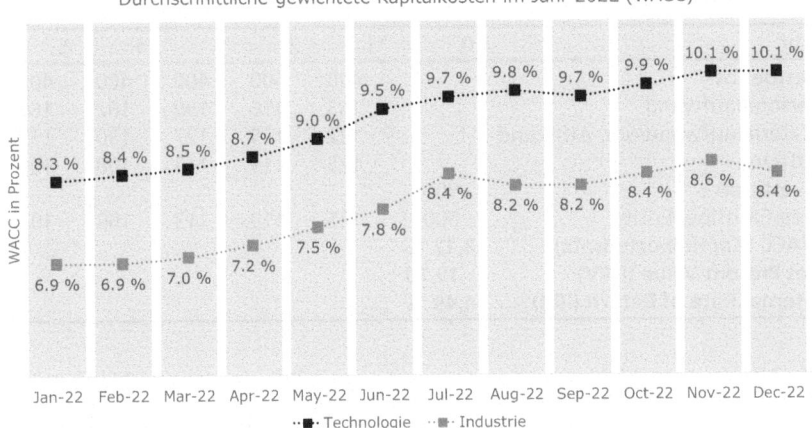

Abb. 3.3 Entwicklung der Kapitalkosten [8, 9]

3.5 Investitionsrechnung

In der Ausgangslage geht die Optiker AG von einem WACC von 6,00 % aus. In der angepassten Projektbewertung wird von einer Erhöhung der Inflationsrate um 2,00 Prozentpunkte und einem gestiegenen WACC von 8,12 % ausgegangen, wie Tab. 3.2 zeigt.

Die Optiker AG rechnet aufgrund der anziehenden Inflation für die Wirtschaftlichkeitsrechnung des neuen Standorts zwei Varianten durch. Bei Variante 1 erhöhen sich die Kosten um 2,00 % pro Jahr, währenddem die Nettoerlöse nicht erhöht werden. Dies wird damit begründet, dass aufgrund der Konkurrenzsituation Preisaufschläge im Markt nicht durchsetzbar sind.

Es resultiert ein negativer Net Present Value von TCHF −19,70 und eine Projektrendite (IRR) von 4,49 %. Diese Rendite liegt unter der Mindestrendite (WACC) von 8,12 %. Das Investitionsprojekt ist somit nicht mehr rentabel und es würde Wert vernichtet.

Bei der Variante 2 (siehe Tab. 3.3) werden sowohl der WACC als auch der Erlös und sämtliche Kostenkomponenten mit 2,00 % pro Jahr infla-

Tab. 3.2 Variante 1 Kosten steigen um 2% pro Jahr (in TCHF)

Jahr	0	1	2	3	4	5
Nettoerlös		400	400	400	400	400
Personalaufwand		-153	-156	-159	-162	-166
Materialaufwand/übr. Aufwand		-122	-125	-127	-130	-132
EBITDA		125	119	113	108	102
Investition	-500					
Free Cashflow Entity	-500	125	119	113	108	102
WACC (Kapitalkostensatz)	8,12 %					
Net Present Value (NPV)	-19,70					
Internal Rate of Return (IRR)	4,49 %					

Tab. 3.3 Variante 2 Erlös und Kosten steigen um 2,00% pro Jahr (in TCHF)

Jahr	0	1	2	3	4	5
Nettoerlös		408	416	424	433	442
Personalaufwand		-153	-156	-159	-162	-166
Materialaufwand/übr. Aufwand		-122	-125	-127	-130	-132
EBITDA		133	135	138	141	144
Investition	-500					
Free Cashflow Entity	-500	133	135	138	141	144
WACC (Kapitalkostensatz)	8,12 %					
Net Present Value (NPV)	47,61					
Internal Rate of Return (IRR)	11,62 %					

tioniert. Der Erlös, der Personalaufwand, der Materialaufwand und der übrige Aufwand steigen somit jährlich um 2,00 %.

Bei dieser Variante entspricht der neue Net Present Value von TCHF 47,61 exakt dem NPV in der Ausgangslage. Das heißt, der Wert des Projekts verändert sich nicht, wenn alle Variablen in der Investitionsrechnung, WACC, Kosten und Erlös, mit 2 % inflationiert werden.

Die Rendite des Projektes (IRR) erhöht sich gegenüber der Ausgangslage (9,43 %) näherungsweise um die Erhöhung der Inflationsrate von 2,00 % und beträgt neu 11,62 %:

$$IRR_{neu}\left(\text{vereinfacht}\right) \approx IRR_{alt} + \text{Erhöhung Inflationsrate}$$
$$= 9,43\ \% + 2,00\ \% = 11,43\ \%$$

Gemäß der exakten Fisher-Gleichung kann als Kontrollrechnung der neue exakte IRR ermittelt werden:

$$IRR_{neu} = (1 + IRR_{alt}) \times (1 + \text{Erhöhung Inflationsrate}) - 1$$
$$= (1 + 0{,}0943) \times (1 + 0{,}02) - 1 = 11{,}62\,\%$$

Zusammenfassend kann man feststellen, dass der Projektwert (NPV) im Vergleich zur Ausgangslage gleichbleibt und dass die Projektrendite (IRR) ungefähr um die Inflationserhöhung von 2 % steigt, wenn sowohl der WACC als auch der Erlös und die Kosten jährlich um 2 % steigen.

In der Praxis können sowohl Variante 1, Variante 2 als auch alle möglichen Kombinationen zwischen diesen beiden Varianten eintreten. Dies hängt einerseits davon ab, ob jedes Jahr eine Erhöhung der Verkaufspreise von 2 % durchgesetzt werden kann. Andererseits können sich die Personalkosten und die übrigen Kosten (z. B. auch Energiekosten) je nach Branche und Land unterschiedlich entwickeln.

3.6 Unternehmensbewertung

Nachdem im vorangehenden Abschnitt die Auswirkungen im Rahmen der Projektbewertung dargelegt wurden, folgt die Betrachtung möglicher Auswirkungen von Inflation auf den gesamten Wert eines Unternehmens. Wie nachfolgendes Beispiel verdeutlicht, wird in den Medien darüber spekuliert, wie sich die Preise von Unternehmen in inflationären Phasen verhalten.

> **Verlierer und Outperformer**
>
> Im Februar 2023 berichtete die Zeitschrift „Finanz und Wirtschaft" über eine sich deutlich abschwächende Teuerung auf Basis der Prognosen verschiedener Banken. Zur möglichen Aktienpreisentwicklung war folgendes zu lesen: „Gerade Unternehmen mit geringer Preissetzungsmacht wurden in diesem inflationären Umfeld abgestraft. Federn lassen mussten im vergangenen Jahr [Anmerkung: 2021] ebenso sehr zinssensitive Sektoren –

> allen voran IT-Titel und Kommunikationsdienstleister. Aber auch Biotech-Valoren gehören zu den Aktien, deren erwarteter Gewinn zumeist weit in der Zukunft liegt und daher über einen langen Zeitraum abdiskontiert werden muss." Im Artikel wurde überdies erläutert, dass die Sektoren Gesundheitswesen, Kommunikationsdienste und IT in einem inflationären Umfeld tendenziell die größten Aktienkurseinbußen erleben. Hingegen dürften sich die Aktienkurse von Unternehmen in den Branchen Energie, Finanzwesen und Immobilien in Zeiten hoher Inflation verhältnismäßig besser entwickeln ([17], S. 15).

Doch wie lassen sich diese Aussagen in Anbetracht der vorangehenden Ausführungen aus einer betriebswirtschaftlichen Sicht nachvollziehen? Zur Bestimmung des Unternehmenswertes ist eine Vielzahl an Ansätzen und Vorgehensweisen möglich. Zudem kann ein Unternehmen aus Sicht der Eigentümer (Equity-Ansatz) oder aus Sicht der Fremd- und Eigenkapitalgeber (Entity-Ansatz) bewertet werden ([7], S. 191). An dieser Stelle wird nun exemplarisch auf die Discounted Cashflow-Methode (kurz DCF-Methode) fokussiert. Diese wurde in ihren Grundzügen bereits erläutert und basiert ebenfalls auf dem eingeführten TVM-Konzept (siehe Abschn. 3.3). Sie ist damit vergleichbar mit dem Vorgehen zur Bewertung von Investitionsprojekten.

Wie der Name der Methode bereits sagt, werden zukünftige Cashflows diskontiert. Dazu gilt es, die zukünftig erwirtschafteten Free Cashflows zu berechnen beziehungsweise zu schätzen. Im Gegensatz zu einer Verwendung von Gewinngrößen, wie sie im Rahmen der Ertragswertmethode üblich ist, üben nicht-liquiditätswirksame Tatbestände wie Abschreibungen keinen Einfluss auf die Free Cashflows aus, da ausschließlich auf die Geldflüsse fokussiert wird. Zur Diskontierung werden im Rahmen eines Entity-Ansatzes die Free Cashflows Entity sowie die Kapitalkosten eines Unternehmens verwendet. Bei einer Bewertung aus Equity-Perspektive erfolgt die Berechnung anhand von Free Cashflows Equity und den Eigenkapitalkosten ([7], S. 241 f.).

Geht man also für die Optiker AG wieder von einem Szenario mit steigenden Inflationsraten und damit einhergehenden steigenden Zinsen und Kapitalkosten aus – ausgehend von der Annahme, dass die durchschnittlich gewichteten Kapitalkosten (WACC) von 6,00 % auf 8,12 %

gestiegen sind (siehe Abschn. 3.4) –, dann stellt sich jetzt für eine Bewertung mit der DCF-Methode die Frage nach den konkreten Zeitpunkten der zukünftigen Cashflows. So sind beispielsweise für die Optiker AG zwei Möglichkeiten denkbar. In der Variante A handelt es sich bei der Optiker AG um ein seit vielen Jahren erfolgreich tätiges Unternehmen. Das Unternehmen wächst lediglich 1 % pro Jahr. Steigen nun in dieser Variante A die Zinsen wie angenommen an, wird sich der Unternehmenswert ceteris paribus von CHF 10 Mrd. auf rund CHF 7 Mrd. – also um 29,8 % verringern (siehe Tab. 3.4).

Wenn es sich bei der Optiker AG – wie in Variante B dargestellt (siehe Tab. 3.5) – jedoch um ein Wachstumsunternehmen handelt, sind die Folgen der Erhöhung der Kapitalkosten deutlich einschneidender. In Variante B kann man von einem geringeren Umsatz zu Beginn sowie einem starken Wachstum in den Jahren 1 bis 4 wie auch einem im Vergleich zu

Tab. 3.4 Variante A der Unternehmensbewertung der Optiker AG als etabliertes Unternehmen mit geringem Wachstum (Angaben in Mio. CHF)

Variante A) Ausgangslage (geringes Wachstum)					
Jahr	1	2	3	4	5ff.
Free Cashflow Entity	500	505	510.1	515.2	520.4
Residualwert					10'406
Barwerte	472	449	428	408	8243
Wachstumsrate Jahre 1 bis 4	1,00 %				
Wachstumsrate Jahre 5 fortfolgende	1,00 %				
WACC (Kapitalkostensatz)	6,00 %				
Unternehmenswert (Summe der Barwerte)	**10'000**				

Variante A) mit Inflation					
Jahr	1	2	3	4	5ff.
Free Cashflow Entity	500	505	510.1	515.2	520.4
Residualwert					7308
Barwerte	462	432	404	377	5348
Wachstumsrate Jahre 1 bis 4	1,00 %				
Wachstumsrate Jahre 5 fortfolgende	1,00 %				
WACC (Kapitalkostensatz)	8,12 %				
Unternehmenswert (Summe der Barwerte)	**7022**	– 29,8 %	Wertverminderung		

Tab. 3.5 Variante B der Unternehmensbewertung der Optiker AG als junges Unternehmen mit hohem zukünftigem Wachstum (Angaben in Mio. CHF)

Variante B) Ausgangslage (hohes Wachstum)					
Jahr	1	2	3	4	5ff.
Free Cashflow Entity	270	297	326.7	359.4	395.3
Residualwert					11'294
Barwerte	255	264	274	285	8946
Wachstumsrate Jahre 1 bis 4	10,00 %				
Wachstumsrate Jahre 5 fortfolgende	2,50 %				
WACC (Kapitalkostensatz)	6,00 %				
Unternehmenswert (Summe der Barwerte)	**10'024**				
Variante B) mit Inflation					
Jahr	1	2	3	4	5ff.
Free Cashflow Entity	270	297	326.7	359.4	395.3
Residualwert					7034
Barwerte	250	254	258	263	5147
Wachstumsrate Jahre 1 bis 4	10,00 %				
Wachstumsrate Jahre 5 fortfolgende	2,50 %				
WACC (Kapitalkostensatz)	8,12 %				
Unternehmenswert (Summe der Barwerte)	**6172**	**− 38,4 %**	**Wertverminderung**		

Variante A stärkeren Wachstum in den Jahren 5 bis unendlich ausgehen. Unter diesen Annahmen sinkt der mit dem DCF-Ansatz geschätzte Unternehmenswert ceteris paribus von rund CHF 10 Mrd. auf CHF 6,2 Mrd. Dies entspricht einer Abnahme um 38.4 %.

Dieses einfache Beispiel der Optiker AG zeigt, dass sogenannte Wachstumsunternehmen mit einem starken prognostizierten zukünftigen Wachstum wesentlich von Inflation und den Auswirkungen von Zinsänderungen betroffen sind. Diese Erkenntnis ist nicht nur aus Unternehmenssicht bedeutsam, sondern kann auch für Investorinnen und Investoren Nutzen generieren, wenn es um das Treffen von Investitionsentscheidungen geht und dabei zukünftige inflationäre oder disinflationäre Tendenzen berücksichtigt werden sollen.

3.7 Asset and Liability Management

Vorangehend wurde unter anderem dargestellt, welche Auswirkungen die Teuerung sowie die damit in Zusammenhang stehenden Zinserhöhungen beispielsweise auf den Wert und auf die Rentabilität von Investitionsprojekten haben. In diesem Abschnitt wird aufgezeigt, welche Auswirkungen Zinserhöhungen auf die Bilanz und die Erfolgsrechnung von Unternehmen zur Folge haben. Je nachdem, über welche zinssensitiven Aktiven („Assets") und Verbindlichkeiten („Liabilities") ein Unternehmen verfügt, ergeben sich unterschiedliche Effekte.

Für den vorliegenden Fall der Optiker AG wird von der folgenden vereinfachten Bilanz ausgegangen. Die zinssensitiven Positionen sind farblich markiert (Abb. 3.4).

Auf der Aktivseite sind die flüssigen Mittel sowie die Obligation zinssensitiv. Die Obligation wird als Liquiditätsreserve gehalten. Die restlichen Positionen auf der Aktivseite werden hingegen nicht verzinst. Auf der Passivseite sind drei zinssensitive Positionen vorhanden: das Bankdarlehen, die Hypothekarschuld und die emittierte Anleihe.

Will die Optiker AG nun herausfinden, inwiefern sich steigende Zinsen auf die finanzielle Situation auswirken, kann sie die beiden folgenden zentralen Effekte quantifizieren:

A. Einkommenseffekt
Der Einkommenseffekt zeigt die Auswirkungen veränderten Zinsen auf die Erfolgsrechnung eines Unternehmens. Er wirkt sich auf die Erträge und Aufwände bzw. den Zinsaufwand und -ertrag aus.

Bilanz der Optiker AG (Angaben in Mio. CHF)

Aktiven		Passiven	
Flüssige Mittel	50	Verbindlichkeiten aus Lieferungen und Leistungen	50
Obligation (2 Jahre Restlaufzeit, fixer Zins 1 %)	100	Bankdarlehen (Referenzzins SARON + 1.5 %)	100
Forderungen aus Lieferungen und Leistungen	50	Hypothekarschuld (Restlaufzeit 1 Jahr, fixer Zins 4 %)	200
Vorräte	75	Anleihe (Restlaufzeit 3 Jahre, fixer Zins 3 %)	200
Mobiliar	125	Übriges Fremdkapital	50
Immobilien	500	Eigenkapital	300
Total Aktiven	900	Total Passiven	900

Abb. 3.4 Bilanz der Optiker AG

B. Vermögenseffekt

Als Vermögenseffekt werden die Veränderungen von Barwerten zukünftiger Cashflows verstanden. Wie nachfolgend anhand der Optiker AG gezeigt wird, verändert sich beispielsweise aufgrund der veränderten Zinsen der aktuelle Barwert der als Liquiditätsreserve gehaltenen Obligation.

Nachfolgend wird dargelegt, wie Unternehmen diese beiden Effekte quantifizieren und zielgerichtet beeinflussen können.

3.7.1 Einkommenseffekt

Der Einkommenseffekt bezieht sich auf die Folgen von Zinsveränderungen in der Erfolgsrechnung. Die vorangehend als zinssensitiv markierten Positionen werden – sofort oder in der Zukunft – Auswirkungen auf den Zinsaufwand und Zinsertrag der Optiker AG haben. Ein Hilfsmittel, um die Effekte abzuschätzen, ist die Zinsbindungsbilanz, wie Abb. 3.5 aufzeigt. In dieser Bilanz werden die Beträge der Fälligkeiten aller zinssensitiven Aktiv- und Passivpositionen, sogenannten Laufzeit-

Verzinsliche Bilanzpositionen	Betrag	Laufzeitbänder bzw. Fälligkeiten			
		sofort	Jahr 1	Jahr 2	Jahr 3
Aktiven					
Flüssige Mittel	50	50			
Obligation (2 Jahre Restlaufzeit, fixer Zins 1 %)	100			100	
Summe		50	0	100	0
Passiven – im Sinne von Verbindlichkeiten, deshalb Minusbeträge					
Bankdarlehen (Referenzzins SARON + 1.5 %)	-100	-100			
Hypothekarschuld (Restlaufzeit 1 Jahr, fixer Zins 4 %)	-200		-200		
Anleihe (Restlaufzeit 3 Jahre, fixer Zins 3 %)	-200				-200
Summe		-100	-200	0	-200
Gap = Summe Aktiv + Summe Passiv		-50	-200	100	-200
Gap kumuliert = $Gap_{t-1} + Gap_t$		-50	-250	-150	-350
Einkommenseffekt bei Zinsveränderung um +2 Prozentpunkte		-1	-5	-3	-7
			Zinsveränderung:		2 %

Abb. 3.5 Zinsbindungsbilanz der Optiker AG und Einkommenseffekt bei Zinserhöhung

bändern, zugeordnet. Die Zuordnung erfolgt nach Fälligkeit. So wird die als Liquiditätsreserve gehaltene Obligation in Jahr zwei zur Rückzahlung fällig und die entsprechende Liquidität kann ab diesem Zeitpunkt zum dann geltenden Zinssatz angelegt werden. Die Fälligkeiten auf der Aktiv- und auf der Passivseite werden anschließend summiert. So können für das Laufzeitband „sofort" die CHF 50 Mio., die im Falle einer Zinserhöhung zu einem höheren Zins angelegt werden und das Bankdarlehen von CHF 100 Mio., für welches ein höherer Zins bezahlt werden muss, wird relevant. Die Lücke (engl. Gap) beträgt demnach CHF − 50 Mio., für die in einer Nettobetrachtung ein höherer Zins bezahlt werden muss. Im Laufzeitband „Jahr 1" beträgt der Passivüberhang der Optiker AG gar CHF 200 Mio. Will man nun den Einkommenseffekt aus allen zinssensitiven Positionen berechnen, können die berechneten Gap-Werte erstens kumuliert und zweitens mit einem Zinsszenario multipliziert werden.

Die Optiker AG könnte nun in Anbetracht der vorherrschenden Inflation von einer Parallelverschiebung der Zinskurve um plus zwei Prozentpunkte ausgehen. In einem solchen Szenario steigen die kurz-, mittel- und langfristigen Zinsen gleichsam an. Selbstverständlich können auch andere Szenarien modelliert werden. Doch in diesem einfachen Fall der parallelen Verschiebung ergibt sich für die Optiker AG sofort ein schlechteres Zinsergebnis von CHF 1 Mio. Im nächsten Jahr, in zwei und in drei Jahren müsste sie gar mit einem negativen Einfluss auf das Zinsergebnis von CHF 5 Mio., CHF 3 Mio. und CHF 7 Mio. rechnen.

Zugegebenermaßen handelt es sich vorangehend nur um eine recht oberflächliche Annäherung an die zu erwartenden Effekte. In der Praxis wäre es überdies angebracht, die Finanz- bzw. Zinsinstrumente in ihre Bestandteile zu zerlegen und einzelne zu erwartende Cashflows, wie sie unter anderem aus Couponzahlungen resultieren, zu berücksichtigen ([7], S. 653 ff.).

3.7.2 Vermögenseffekt

Im Falle der Optiker AG ergibt sich beispielsweise für die als Liquiditätsreserve gehaltene Obligation eine Veränderung des Barwerts. Folgende angenommenen Zinssätze (s_t) sollen gelten:

- Spotrate 1 Jahr: $s_1 = 0{,}5\,\%$
- Spotrate 2 Jahre: $s_2 = 1{,}5\,\%$

Mit diesen Spotrates kann der Barwert der zu 1 % verzinsten Anleihe mit dem Nominalwert von CHF 100 Mio. berechnet werden. Dazu werden die zukünftigen Zahlungsströme diskontiert, was im vorliegenden Fall bedeutet, dass in einem Jahr die Couponzahlung von 1 % und in zwei Jahren nochmals eine Couponzahlung von 1 % sowie die Rückzahlung zu 100 % des Nominalwerts fällig werden. Der Preis der Obligation beträgt somit:

$$\text{Barwert} = \text{zukünftiger Cashflow} / (1+s_t)^t =$$
$$\text{Barwert}_{\text{Obligation}} = 1\,\% / (1+0{,}005)^1 + 101\,\% / (1+0{,}015)^2$$
$$= 0{,}995 + 98{,}037 = 99{,}032\,\%$$

Wenn man nun davon ausgeht, dass aufgrund der ansteigenden Inflation die Zinsen analog zu den vorangehenden Ausführungen zum Einkommenseffekt für eine Parallelverschiebung der Zinssätze um 2 Prozentpunkte führen, dann werden neu deutlich höhere Marktsätze vorherrschen:

- Spotrate 1 Jahr: $s_{1,\text{neu}} = 2{,}5\,\%$
- Spotrate 2 Jahre: $s_{2,\text{neu}} = 3{,}5\,\%$

In Anbetracht dieser neuen zur Bewertung verwendeten Zinssätze beläuft sich der Marktwert der entsprechenden Obligation auf:

$$\text{Barwert}_{\text{Obligation}} = 1\,\% / (1+0{,}025)^1 + 101\,\% / (1+0{,}035)^2$$
$$= 0{,}976 + 94{,}285 = 96{,}255\,\%$$

Dies sind rund 2,78 Prozentpunkte weniger als noch vor Zinserhöhung. Bei einem Nominalwert von CHF 100 Mio. macht dies eine Reduktion des Wertes – also einen Vermögenseffekt – von rund CHF 2,78 Mio. aus. Aus den Berechnungen kann zudem verallgemeinert werden, dass der

Vermögenseffekt umso grösser ist, je grösser die Restlaufzeit des entsprechenden festverzinslichen Finanzinstruments ist.

Auch auf der Passivseite ergeben sich Vermögenseffekte. Unternehmen können aufgrund von gestiegenen Zinsen beispielsweise ausstehende Obligationen in Abhängigkeit der geltenden Klauseln zu einem tieferen Marktwert vorzeitig zurückkaufen. Doch solche Entscheide sollten selbstverständlich in Anbetracht von diversen weiteren Faktoren wie der Finanzplanung der kommenden Jahre getroffen werden.

3.7.3 Einkommens- vs. Vermögenseffekt

Doch welche Perspektive ist für die Optiker AG nun wichtiger? Soll sie sich eher auf den Einkommenseffekt und damit auf die Folgen in der Erfolgsrechnung fokussieren? Oder soll sie den Vermögenseffekt und somit den Barwerten der zinssensitiven Positionen höhere Aufmerksamkeit zukommen lassen?

Anhand der als Liquiditätsreserve gehaltenen festverzinslichen Obligation zeigt sich, dass sich während der Laufzeit einer entsprechenden Anlage lediglich ein Effekt materialisiert. Während es bei der Anlage der (Rest-)Laufzeit kein Einkommenseffekt gibt, hängt der Barwert von den jeweils geltenden Zinssätzen ab. Eine festverzinsliche Obligation weist also einen Werteffekt auf. Bei einer variabel verzinslichen Obligation verhält es sich gerade gegenteilig. Es liegt ein Einkommenseffekt vor, da sich die Zinszahlungen an den jeweils geltenden Sätzen bemessen. Dementsprechend resultieren daraus keine Barwerteffekte, da, vereinfacht betrachtet, die zukünftigen auf den Marktsätzen basierenden Cashflows mit den Marktsätzen diskontiert werden – weshalb sich der Barwert nicht verändern wird.

Die Antwort auf die Frage aus Sicht der Optiker AG könnte nun sein, die Positionen der Aktiv- und der Passivseite unterschiedlich zu behandeln:

- Für Aktivpositionen könnte die Erhaltung des Barwerts im Vordergrund bestehen. Wird eine Obligation als Liquiditätsreserve gehalten, wäre es sinnvoll zu versuchen, den Barwert zu erhalten. Dementsprechend ist der Werteffekt von höherer Bedeutung als der Einkommenseffekt.

- Bei Passivpositionen mit dem Ziel einer kostengünstigen Unternehmensfinanzierung könnten etwaige Einkommenseffekte die Überlegungen dominieren. Es soll aus Sicht der Optiker AG vermieden werden, dass der Finanzaufwand unerwartet stark ansteigt und damit das Unternehmensergebnis negativ beeinflusst. Dies wiederum würde die Gewinnvolatilität erhöhen.

Welcher Effekt bei der Steuerung von Zinsrisiken im Rahmen des im nächsten Abschnitt erläuterten Asset-and-Liability-Managements im Vordergrund steht, muss jedoch unternehmensindividuell in Abhängigkeit der jeweiligen Prioritäten festgelegt werden. Insofern können mitunter Aspekte in Bezug auf die Rechnungslegung bzw. die konkrete Verbuchung von Einkommens- und Werteffekten ausschlaggebend sein.

3.7.4 Steuerung mittels ALM und Finanzinstrumenten

ALM bezeichnet die Praxis des Managements finanzieller Risiken, die aufgrund von Inkongruenzen zwischen den Assets (Aktiven) und den Liabilities (Fremdkapital bzw. Passiven) entstehen. ALM konzentriert sich eher auf eine langfristige Perspektive als auf die Abschwächung unmittelbarer Risiken und ist ein Prozess der Maximierung von Vermögenswerten zur Deckung der vorhandenen Verbindlichkeiten. ALM umfasst unter anderem die Verwaltung von Vermögenswerten sowie von Eigenkapital, Zins- und Kreditpositionen. Insofern erfolgt im Rahmen des ALMs ein Abgleich zwischen Vermögenswerten und Verbindlichkeiten.

Zur Umsetzung eines solchen Ansatzes können unterschiedliche Finanzinstrumente eingesetzt werden. Vorangehend wurde dargelegt, dass die Optiker AG im Falle einer Zinserhöhung ab sofort mit einem höheren Zinsaufwand von CHF 1 Mio. zu rechnen hätte. Um diesen negativen Effekt zu vermeiden, könnte das Unternehmen geneigt sein, einen Interest Rate Swap abzuschließen.

Ein Interest Rate Swap, kurz IRS, steht auf Deutsch für Zinstausch. Bei einer solchen außerbörslich abgeschlossenen Vereinbarung wird ein Tausch eines festen gegen einen variablen Zinssatz ausgemacht. Falls die

Optiker AG in Anbetracht ihrer Bilanzpositionen und deren Verzinsung einen sog. *Payer Swap* abschließt, wird sie im Gegenzug zur Zahlung eines fixen Zinssatzes eine variable Zinszahlung erhalten. Wie in Abbildung Abb. 3.6 visualisiert, kann sie mit dem Abschluss eines Payer Swaps beispielsweise für den im Laufzeitband sofort festgestellten Passivüberhangs eine fixe Zinszahlung von 2,5 % p.a. vereinbaren, um sich damit (zumindest teilweise) gegen steigende Zinszahlungen zu immunisieren. Nach Abschluss eines Payer Swaps über den Nominalwert von CHF 100 Mio. verändert sich die Zinsbindungsbilanz. Für das zugrundeliegende Zinsszenario eines Parallelanstiegs um zwei Prozentpunkte resultiert nunmehr im Laufzeitband sofort kein negativer Einkommenseffekt mehr.

Zusätzlich zu Interest Rate Swaps werden im Rahmen des ALM's auch Forward Rate Agreements (FRA's), Geldmarktfutures oder Zinsoptionen eingesetzt. Doch bevor teilweise komplexe Finanzinstrumente eingesetzt werden, lohnt es sich für ein Unternehmen, beim Treffen von Anlage- und Finanzierungsentscheiden mögliche Einkommens- und Werteffekte aufgrund von Zinsänderungen vorausschauend zu berücksichtigen.

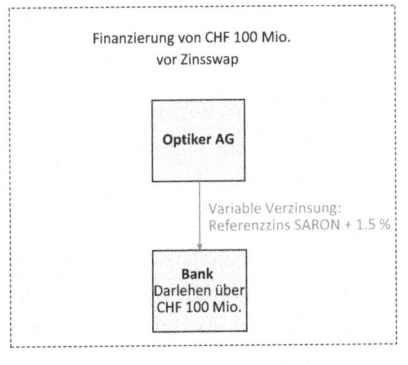

Abb. 3.6 ALM mit einem Interest Rate Swap

3.8 Fallstudie Silicon Valley Bank

Um die vorangehenden Punkte und insbesondere die Wichtigkeit eines Funktionierenden ALMs zu verdeutlichen, wird nachfolgend auf den Fall Silicon Valley Bank im Frühjahr 2023 eingegangen. Die Silicon Valley Bank (SVB), war eine staatlich konzessionierte Geschäftsbank mit Hauptsitz in Santa Clara, Kalifornien. Sie unterhielt Zweigstellen in Kalifornien sowie Massachusetts und war damals gemessen an den Einlagen die größte Bank im Silicon Valley. Die Bank war Teil der SVB Financial Group, einer börsennotierten Bankholdinggesellschaft, die Niederlassungen in weiteren US-Bundesstaaten und mehr als einem Dutzend anderer Länder hatte ([8]).

Die SVB war ein Finanzinstitut, welches sich auf die Tech-Branche spezialisiert hatte. Zu ihrem Kundenstamm zählten vor allem mit Risikokapital finanzierte Tech-Start-ups. Im März 2023 kam es im Umfeld steigender Zinsen aufgrund der weltweiten Inflation zu einem sogenannten *Bank Run*. Ein solcher Ansturm auf die Bank entsteht, wenn viele Kunden gleichzeitig ihr Geld von einer Bank abziehen wollen, weil sie befürchten, dass die Bank in naher Zukunft zusammenbrechen könnte.

Insofern spielte die Federal Deposit Insurance Corporation (FDIC) eine wichtige Rolle. Die FDIC ist eine unabhängige Behörde der Regierung der Vereinigten Staaten. Die FDIC schützt Einlegerinnen und Einleger versicherter Banken in den Vereinigten Staaten vor dem Verlust ihrer Einlagen, falls eine versicherte Bank ausfallen würde. Die FDIC wurde durch das Bankengesetz von 1933 etabliert, das während der Großen Depression erlassen wurde, um das Vertrauen in das amerikanische Bankensystem wiederherzustellen. Die Standardversicherungssumme seitens FDIC beträgt USD 250.000 pro Einleger, pro versicherte Bank und für jede Kontokategorie. Seit Beginn der FDIC-Versicherung am 1. Januar 1934 sei es gemäß FDIC zu keinem einzigen Ausfall versicherter Einlagen gekommen ([3]).

Doch der erwähnte Bank Run führte am 10. März 2023 zum Zusammenbruch und Konkurs der SVB. Schließlich resultierte die bis dato zweitgrößte Bankenpleite in der Geschichte der USA und parallel gerieten andere Banken in ähnliche Schwierigkeiten. Am 12. März 2023 gaben Finanzministerin Janet Yellen und der Vorsitzende der Federal Reserve, Jerome Powell, sowie der Vorsitzende der FDIC, Martin Gruenberg, eine gemeinsame Erklärung ab. Sie erklärten, dass alle Einlegerinnen und Einleger der SVB in vollem Umfang geschützt seien. Ab dem darauffolgenden Montag, dem 13. März, hätten sie Zugang zu ihren versicherten und nicht versicherten Einlagen. Die FDIC gründete daraufhin eine Nachfolgebank, die Silicon Valley Bridge Bank, N.A., die rasch die laufenden Geschäfte übernahm ([8]).

Doch wie kam es konkret zum Konkurs der SVB? Abb. 3.7 zeigt die vereinfachte Bilanz der SVB per Ende 2022.

Die grundlegende Funktionsweise einer Bank besteht darin, Kundeneinlagen entgegenzunehmen und diese in der Form von gewährten Krediten wieder auszuleihen. Damit erwirtschaftet eine Bank ihre Nettozins-

Bilanz der Silicon Valley Bank per 31. Dezember 2022 (Angaben in Mio. USD)			
Aktiven		**Passiven**	
Cash and Cash Equivalents (flüssige Mittel)	13.803	Unverzinsliche Einlagen	80.753
		Verzinsliche Einlagen	92.356
(2) Wertschriften (Available-for-sale, **AFS**)	26.069	Total Einlagen ("11% FDIC versichert")	173.109 (3)
(1) Wertschriften (Held-to-maturity, **HTM**)	91.321	Kurzfristige Kredite	13.565
Andere Wertschriften (non marketable and other equity sec.)	2664	Leasingverbindlichkeiten	413
Total investment securities	120.054	Andere Verbindlichkeiten	3041
		Langfristige Verbindlichkeiten	5370
Kreditausleihungen (Amortized cost)	74.250	Total Verbindlichkeiten	195.498
Wertberichtigungen für Kreditausleihungen	-636		
Kreditausleihungen netto	73.614	Eigenkapital (div. Positionen)	16.004
Weitere Aktiva (Mobiliar, Immobilien, Immat. Werte, etc.)	4322	Minderheitsanteile	291
Total Aktiven	211.793	Total Passiven	211.793

(1) **HTM Assets** werden zum Buchwert ausgewiesen, doch in einer Fussnote im Abschluss zum 4. Quartal 2022 steht, dass das Unternehmen ca. USD 15 Mrd. an unrealisierten Verlusten habe (vgl. Formular 10-K, S. 125).

(2) **Veröffentlichung am 8.3.2023:**
Wertschriften AFS verkauft	21.000
Verlust aus Verkäufen am Markt	-1800
Verlust aus Verkäufen am Markt in %	-8.6%
Durchschn. Duration dieser Assets in Jahren	3.6
Kapitalerhöhung angekündigt	2250

Angst Überschuldung und ungesicherter Einlagen, da:
Verluste auf HTM Sicherheiten bislang	-15.000
Unsicherheit über Verluste auf restlichen Kreditausleihungen	unklar
Markt befürchtet Ausfälle im Umfang von ca.	-20.000

Bedeutung für die Bilanz:
HTM Befürchtete unrealisierte Verluste	-20.000
AFS Verkauf realisierter Verlust	-1800
Eigenkapital (ohne Vorzugskapital von 3'646)	12.358
Eigenkapital nach Verlusten	-9442
in % der Aktiven	-4.5%

(3) Kombination führte zu **Bank Run:**
Nach der Ankündigung vom 8.3. fand am 9.3. der Bank Run statt, Einleger versuchten an diesem Tag gesamthaft USD 42 Mrd. von der SVB abzuziehen.

Abb. 3.7 Bilanz der Silicon Valley Bank per 31. Dezember 2022. ([15, 2])

marge, die sich aus der Differenz zwischen den erhaltenen Zinsen auf den gewährten Krediten und den Zinsen, die für die Einlagen bezahlt werden, berechnet. Der Unterschied zwischen den Vermögenswerten einer Bank und ihren Verbindlichkeiten ist ihr Eigenkapital.

Die SVB hielt nun per Ende Dezember 2022 Vermögenswerte von rund USD 211,8 Mrd. Diese bestehen aus liquiden Mitteln von USD 13,8 Mrd., Wertschriften verbucht zum Marktwert von USD 26,1 Mrd., Wertschriften bzw. größtenteils langlaufende Mortgage-Backed-Securities verbucht zum Nominalwert im Umfang von USD 91,3 Mrd., Kreditausleihungen im Umfang von netto USD 73,6 Mrd. und weiteren Aktiven von USD 4,3 Mrd. Auf der Passivseite kann die Finanzierung mittels unverzinslicher und verzinslicher Einlagen von total USD 173,1 Mrd., sowie weiteren Fremdkapitalpositionen von USD 22,4 Mrd. ersehen werden. Die gesamten Verbindlichkeiten beliefen sich dementsprechend auf USD 195,5 Mrd. Insofern resultierte nach Berücksichtigung von Minderheitsanteilen ein Eigenkapital von USD 16,0 Mrd.

Auf der Aktivseite ist nun die Unterscheidung zwischen Vermögenswerten, die am Markt verkauft werden können (Available-for-Sale, AFS) und solchen, die voraussichtlich bis zum Endverfall gehalten werden (Held-to-maturity, HTM) von entscheidender Bedeutung, wie auch Acharya (2023) aufzeigt ([1]). Die Probleme der Bank entstanden aus den USD 91,3 Mrd. an Vermögenswerten, die als HTM klassifiziert waren. Per Ende 2022 war im Unternehmensabschluss zu lesen, dass sich bei der SVB unrealisierte Verluste im Umfang von USD 15 Mrd. angehäuft hatten. Doch woher kamen die Verluste? Dabei handelte es sich um den in Abschn. 3.7.2 erläuterten Werteffekt. Die entsprechenden langfristigen Anlagen sind stark im Wert gesunken, da seit dem Erwerb zwecks Inflationsbekämpfung die Zinsen seitens der Zentralbanken stark angehoben wurden. Dies führte zu den unrealisierten Verlusten, was in der Tabelle mit Ziffer (1) dargestellt ist. Es handelte sich hierbei zwar nicht um realisierte Verluste, dennoch war klar, dass die gehaltenen Aktiven nicht zum ausgewiesenen Buchwert hätten verkauft werden können. Durch den Ausweis der unrealisierten Verluste, waren diese dennoch von außen sichtbar. Dies führte bereits zu Unsicherheiten im Markt ([2]).

In der Folge veröffentlichte die Bank am 8. März 2023 die Information (siehe Ziffer (2) in der Bilanz), dass AFS-Wertschriften im Umfang von USD 21 Mrd. verkauft wurden, notabene mit Verlusten in Höhe von USD 1,8 Mrd. Zudem kündigte die SVB eine Kapitalerhöhung im Umfang von USD 2,25 Mrd. an, um sich zu rekapitalisieren. Diese neuen Informationen (siehe Ziffer (3) in der Bilanz) führten zu großer Verunsicherung und verängstigten vor allem die Einlegerinnen und Einleger bzw. deren Risikokapitalgeber. Es war Berichten zu entnehmen, dass Risikokapitalgeber ihren Portfoliogesellschaften den sofortigen Abzug von Einlagen bei der SVB nahegelegt haben, um Liquiditätsengpässe oder gar Kapitalverluste zu vermeiden. Insgesamt versuchten Kundinnen und Kunden am Donnerstag, 9. März 2023 angeblich insgesamt USD 42 Mrd. von der Bank abzuziehen ([8]).

Was sind die Lehren aus dem Fall SVB, die weniger als einen Monat vor dem Kollaps vom Magazin Forbes als eine der besten Banken Amerikas ausgezeichnet wurde? Gemäß der globalen Vereinigung der Risk Professionals (GARP) ist die SVB-Pleite auf ein klassisches Missverhältnis zwischen kurzfristigen Einlagen und langfristigen Vermögenswerten zurückzuführen. Um zu verstehen, wie eine hochentwickelte Bank einen solch grundlegenden Fehler begehen konnte, müssen wir ihre Geschichte betrachten und herausfinden, wann und warum ihre schlecht durchdachten Investitionen getätigt wurden. Die SVB überstand die Tech-Krise in den 2000er-Jahren schadlos, ebenso die globale Finanzkrise. Bei der SVB scheinen jedoch das Platzen der Krypto-Blase im Jahr 2022 und die anschließend langsam versiegenden Investitionen von Risikokapitalgebern ausschlaggebend gewesen zu sein. Während Banken ganz besonders auf ein funktionierendes ALM achten sollten, ist es trotzdem naheliegend zu versuchen, die Profitabilität zu steigern. Dies gilt insbesondere in einem Umfeld sehr tiefer Zinsen. Im Nachhinein scheint es so, dass die Stressszenarien im letzten Jahrzehnt auf niedrige (nahe Null oder sogar negative) Zinssätze ausgerichtet waren, so dass die SVB das eingetretene Inflationsszenario offenbar nie in Betracht zog ([2]).

Infolge der Kombination aus zwei Schocks, erstens der inflationsbedingten Zinserhöhungen und zweitens dem Rückgang der Risikokapitalfinanzierungen, brach die 16. größte US-Bank innert kürzester Zeit zusammen. Sie wäre jedoch noch am Leben, wenn sie die gesamte Bandbreite an Szenarien mit allen Kombinationen potenzieller Schocks berücksichtigt hätte. Gemäß Gil sollten zur Verhinderung der Ausbreitung einer erneuten (globalen) Finanzkrise die Risikomanager in der Finanzdienstleistungsbranche eine führende Rolle einnehmen. Dies beginnt mit einer Überprüfung der Liquiditätspuffer ihrer Institute, des potenziellen Finanzierungsbedarfs und der allgemeinen Widerstandsfähigkeit der Bilanzen ([2, 4]).

Nach dem Untergang der Silicon Valley Bank stellt sich die Frage, ob andere Banken das gleiche Schicksal ereilen könnte. Leider kann dies keinesfalls ausgeschlossen werden. Jiang et al. (2023) untersuchten mehr als 4800 US-Banken, um festzustellen, inwieweit sie den Risiken ausgesetzt sind, die zum Scheitern der SVB führten. Infolge steigender Zinssätze liegt der Marktwert der Vermögenswerte einer durchschnittlichen US-Bank um etwa 9 % unter ihrem Wert auf dem Papier. Insgesamt hat das US-Bankensystem im vergangenen Jahr USD 2,2 Billionen an nicht realisierten Verlusten angehäuft. 10 % der Banken hatten größere nicht realisierte Verluste als die Silicon Valley Bank. Während die SVB einen ungewöhnlich hohen Anteil an nicht versicherten Einlegern hatte, sind auch andere Banken mit einem hohen Anteil an nicht versicherten Einlegern und großen Verlusten anfällig für Solvenzkrisen, die einen Bank Run auslösen könnten ([5]). Dies dürfte die FDIC zu weiteren Anpassungen in Bezug auf die Versicherungen von Einlagen zwingen.

3.9 Fazit

Dieses Kapitel illustriert einleitend die Zusammenhänge zwischen Inflation und Geldpolitik bzw. veränderten Leitzinsen. In Zeiten hoher Inflation dürften die Notenbanken die Leitzinsen tendenziell erhöhen, was wiederum die gesamtwirtschaftliche Nachfrage dämpft. Aus Unternehmenssicht bewirken veränderte Zinsen eine Anpassung der Eigen- und Fremdkapitalkosten. Im Rahmen von Bewertungen, die auf dem TVM-Konzept basieren, kommen nun andere Diskontsätze zur Anwendung. Dies führt unter Umständen zu veränderten Ergebnissen bei der Bewertung von Investitionsprojekten. Falls lediglich die Aufwände und die Kapitalkosten, nicht aber die zu erwartenden Erträge steigen, haben inflationäre Phasen negative Auswirkungen auf den Wert von Investitionsprojekten. Im Rahmen des Asset-and-Liability-Managements können Einkommens- und Vermögenseffekte geschätzt werden. Je nach Art des zugrundeliegenden Finanzinstruments wird lediglich einer dieser beiden Effekte eintreffen. Mit dem gezielten Einsatz von Finanzinstrumenten wie Zinsswaps können die Effekte jedoch beeinflusst werden und es ist möglich, sich beispielsweise gegen unerwünschte Zinsveränderungen abzusichern.

> **Ihr Transfer in die Praxis**
> - Berechnen Sie Ihre Kapitalkosten neu.
> - Überprüfen Sie Ihre Investitionsrechnungen.
> - Überprüfen Sie den Einfluss höherer Kapitalkosten auf Ihren Unternehmenswert.
> - Identifizieren Sie potenzielle Einkommenseffekte.
> - Identifizieren Sie potenzielle Vermögenseffekte.
> - Optimieren Sie Ihr Asset-and-Liability-Management im Hinblick auf potenzielle Einkommens- und Vermögenseffekte.

Literatur

1. Acharya, V. V. (2023). Understanding and managing interest rate risk at banks. https://www.bis.org/review/r180118a.htm. Zugegriffen: 23.03.2023.
2. Falk-Wallace, R. (2023). Silicon Valley Bank unit economics clarify what happened. https://www.linkedin.com/posts/rich-falk-wallace_silicon-valley-bank-unit-economics-clarify-activity-7040705652658208768-GO00?utm_source=share&utm_medium=member_desktop. Zugegriffen: 23.03.2023.
3. FDIC (2023). Federal Deposit Insurance Company. About. https://www.fdic.gov/about/. Zugegriffen: 29.03.2023.
4. Gil, A. (2023). Risk Management Lessons Learned From SVB. https://www.garp.org/risk-intelligence/market/lessons-learned-svb-031723. Zugegriffen: 23.03.2023.
5. Jiang, E., Matvos, G., Piskorski, T., und Seru, A. (2023). Monetary Tightening and U.S. Bank Fragility in 2023: Mark-to-Market Losses and Uninsured Depositor Runs? https://siepr.stanford.edu/news/many-us-banks-face-same-risks-brought-down-silicon-valley-bank. Zugegriffen: 23.03.2023.

6. Lein, S. (2022). Wie lässt sich die Inflation steuern? https://dievolkswirtschaft.ch/de/2022/04/wie-inflation-steuern/. Zugegriffen: 26. Januar 2023.
7. Lütolf, P., Rupp, M., und Birrer, T. K. (2023). *Handbuch Finanzmanagement*. 3., korrigierte Auflage. Basel: NZZ Libro, Schwabe Verlagsgruppe AG.
8. NZZ (2023). Kollaps der Silicon Valley Bank. Die neusten Entwicklungen. https://www.nzz.ch/finanzen/kollaps-der-silicon-valley-bank-ld.1730117?reduced=true. Zugegriffen: 27.03.2023.
9. PwC (2023). Kapitalmarktdaten Industrielle Produktion. https://pwc-tools.de/kapitalkosten/kapitalmarktdaten-industrielle-produktion/. Zugegriffen: 26. Januar 2023.
10. Schweizerische Nationalbank (2023a). Konsumentenpriese – Kerninflation der SNB und des BFS, https://data.snb.ch/de/topics/uvo/cube/plkoprinfla. Zugegriffen: 26. Januar 2023.
11. Schweizerische Nationalbank (2023b). Geldmarktsätze, https://data.snb.ch/de/topics/ziredev/chart/zimomach. Zugegriffen: 26. Januar 2023.
12. Schweizerische Nationalbank (2023d). Das geldpolitische Instrumentarium, https://www.snb.ch/de/iabout/monpol/id/monpol_instr. Zugegriffen: 26. Januar 2023.
13. Schweizerische Nationalbank (2023e). Geldpolitische Strategie. https://www.snb.ch/de/iabout/monpol/id/monpol_strat#t2. Zugegriffen: 26. Januar 2023.
14. Schweizerische Nationalbank (2023f), Geldpolitische Strategie, https://www.snb.ch/de/iabout/monpol/id/monpol_strat#t3. Zugegriffen: 26. Januar 2023.
15. SVB Financial Group (2023). Annual Report for the fiscal year ended December 31, 2022. Form 10-K. Filed February 24, 2023.
16. Statistisches Bundesamt (2023). Verbraucherpreisindex und Inflationsrate. https://www.destatis.de/DE/Themen/Wirtschaft/Preise/Verbraucherpreisindex/_inhalt.html#:~:text=Die%20Inflationsrate%20in%20Deutschland%20%E2%88%92%20gemessen,im%20Oktober%202022%20leicht%20abgeschwächt. Zugegriffen: 26. Januar 2023.
17. Toren, S. (2022). Die Verlierer werden zu den Outperformern. Nachlassende Inflation. Artikel in der Finanz und Wirtschaft vom 22. Februar 2023. Seite 15.

4

Inflation Controlling

> **Was Sie aus diesem Kapitel mitnehmen**
> - Welche Rolle das Inflation Controlling bei der Inflationsbekämpfung einnimmt.
> - Was Inflation für das strategische und operative Controlling bedeutet.
> - Welche Relevanz das Kostenmanagement aufgrund der Inflation im Unternehmen erhält.
> - Was relevante und wirksame Controllinginstrumente zur Bekämpfung der Inflation sind.
> - Welche Unternehmenskennzahlen im Hinblick auf die Inflation wichtig sind.

In den Unternehmen kommt dem Controlling eine bedeutende Rolle bei der strategischen und operativen Bekämpfung der Inflation zu. Wettbewerbsfähige Erlös- und Kostenmodelle stehen wieder stark im Fokus der Entscheidungsträger. Für die Mitarbeitenden im Controlling bedeutet das die Aktualisierung, Pflege und Wartung der Controllingprozesse (z. B. Aktualisierung der Zuschlagssätze, Überprüfung der Deckungsbeiträge). Es sind die relevanten Controlling-Instrumente auszuwählen und richtig anzuwenden, um das notwendige Vorgehen zur

Beeinflussung der Auswirkungen der Inflation auf das Geschäftsmodell abzuleiten.

Die systematische Analyse der Kostenstruktur, des Kostenverlaufs und des Kostenniveaus der relevanten internen und externen Unternehmensdimensionen (Funktionsbereiche, Geschäftsprozesse, Aktivitäten, Produkte, Ressourcen, Wettbewerber, Lieferanten, Kundinnen und Kunden) gewinnt stark an Bedeutung. Deshalb kommt der Kostenplanung, Kostensteuerung und Kostenkontrolle bei der Bekämpfung der Inflationsauswirkungen eine tragende Rolle zu.

Die mit der Inflationsbekämpfung angestrebten Ziele sind mit adäquaten Kennzahlen zu messen. In Abhängigkeit vom Geschäftsmodell sind die relevanten Kennzahlen auszuwählen und in einem Dashboard abzubilden, damit die Entscheidungsträger im Unternehmen kontinuierlich einen Überblick über die Wirksamkeit der Maßnahmen zur Bekämpfung der Inflation erhalten und gegebenenfalls weitere Maßnahmen ergreifen. So können z. B. Verzögerungen bei Produkten transparent gemacht werden und welche Kunden von diesen betroffen sind. Das Ziel von Inflation Controlling ist es, in der dynamischen Umwelt (VUCA-Welt) schnell die relevanten Informationen zur Bekämpfung der Inflation zur Verfügung zu stellen und die Rolle als Business Partner zu stärken.

4.1 Die Rolle des Controllings zur Bekämpfung der Inflation

Der Kosten- und Preisdruck macht vielen Unternehmen zu schaffen und stellt eine große Herausforderung für die Unternehmensentwicklung dar. Vom Controlling als Business Partner werden wirksame Lösungsansätze gefordert, um den Auswirkungen der Inflation erfolgreich entgegenzuwirken. Die Dynamik und die Auswirkungen der Inflation erfordern kurze Entscheidungswege und schnelle Reaktionsgeschwindigkeiten, um sich als Unternehmen gegen die Inflation abzusichern. Daher sind die Wert- und Kostentreiber im Unternehmen immer kurzfristiger anzupassen, um den Marktveränderungen gerecht zu werden. Die multiplen Einflüsse der Inflation auf die Kosten- und Erlösstruktur machen die

4 Inflation Controlling

Arbeit im Controlling anspruchsvoller, auch vor dem Hintergrund fehlender Erfahrungswerte mit der Inflation. Außerdem ist die Aussagekraft von vergangenen internen und externen Daten nur begrenzt nutzbar, weil inflationäre Entwicklungen in den letzten Jahren eher die Ausnahme waren. Entsprechend steigt die Unsicherheit sowohl über die in den Controllingprozessmodellen getroffenen Annahmen als auch die Interpretation der Ergebnisse. Auch die Kommunikation der Ergebnisse gestaltet sich schwieriger: Entscheidungsträgerinnen und Entscheidungsträger hinterfragen Resultate von Analysen stärker, um die Chancen und Risiken von Maßnahmen abzuwägen, die sehr weitreichend ausfallen können.

Es braucht ein wirksames strategisches und operatives Inflation Controlling im Unternehmen mit einem weitreichenden Maßnahmenbündel zur Inflationsbekämpfung. Idealerweise besteht ein ausgewogenes Verhältnis von kurzfristigen, operativen Kostenanpassungen und langfristigen, strategischen Kostenbeeinflussungsmaßnahmen. Der Blickwinkel zieht sich dabei von kurzfristigen Kosteneinsparungen bis zur Kostengestaltung zukünftiger, wettbewerbsfähiger Geschäftsmodelle.

> **Inflation Controlling**
>
> Das Inflation Controlling steht vor der Herausforderung, die durch die Inflation beeinflussten operativen und strategischen Kosten- und Werttreiber zu analysieren, zu bewerten und den Entscheidungsträgern fundierte Handlungsempfehlungen zur Inflationsbekämpfung zu unterbreiten, um die kurz-, mittel- und langfristige Unternehmenssituation zu sichern.

Gleichzeitig dürfen die Erlösseite und Preisgestaltung für Produkte und Dienstleistungen nicht vernachlässigt werden. In Abhängigkeit vom Kundenverhalten sind Erlösmodelle zu diskutieren, um die Kaufzurückhaltung zu brechen, z. B.:

- Pay-per Performance.
- Abonnements.
- Dynamische Preisgestaltung.
- Transaktionsgebühren.

Schlecht kommunizierte Preissteigerungen gefährden eine oft über Jahre aufgebaute Unternehmensreputation. Hier sind auch die Auswirkungen von Preisanpassungen auf die Kundenzufriedenheit zu berücksichtigen.

> **Inflationsdruck im Versicherungsgeschäft**
>
> Die Inflation verteuert die Behebung von Schäden z. B. durch Handwerks- und Dienstleistungsbetriebe, die durch Hausratsversicherungen oder Unfallversicherungen gedeckt werden. Die Teuerung führt ebenso zu höheren Tarifen, die die Rückversicherer von den Versicherungen einfordern. Die Mehrkosten bleiben bei den Versicherern und ihren Kundinnen und Kunden hängen. Die Versicherungsvertreterinnen und Versicherungsvertreter an der Kundenfront müssen den Prämienanstieg gegenüber den Kundinnen und Kunden rechtfertigen ([11]).

Das Inflation Controlling muss eine ganzheitliche Steuerung zur Inflationsbekämpfung sicherstellen, wie nachfolgende Tab. 4.1 für die Unternehmensbereiche Beschaffung, Produktion, Marketing und Vertrieb zeigt ([14], S. 3).

Tab. 4.1 Ganzheitliche Steuerung der Inflationsmaßnahmen durch das Controlling. ([14])

	Beschaffung	Produktion	Marketing und Vertrieb
Unmittelbare Reaktion	– Purchase Price Variance (PPV)-Überwachung einrichten – Sicherstellung der Berichterstattung über die Materialpreisentwicklung – Erstellung einer Übersicht über kritische Lieferanten und Materialien	– Durchführung kontinuierlicher Produktionskostenprognosen – Berichterstattung über die Mitarbeiterproduktivität – Simulation der Auswirkungen steigender Faktorkosten	– Erstellung von Berichten und Prognosen zur Preisentwicklung – Erstellung von Berichten über Rabatte/Preisdurchsetzung – Überwachung der Vertragslaufzeiten und Vertragskonditionen

(Fortsetzung)

Tab. 4.1 (Fortsetzung)

	Beschaffung	Produktion	Marketing und Vertrieb
Vorbereitung für das Budget 20xx	– Verknüpfung von Preis- und Lieferantenzielen mit (Standard-)Produktkosten – Überwachung der Vertragslaufzeiten und Vertragskonditionen einrichten – End-to End-Monitoring für das Materialkostenmanagement einrichten bzw. für alle kritischen Bereiche	– Erstellung eines Reports über die Produktentwicklungskosten – Identifizierung von Substitutionspotenzialen in betrieblichen Prozessen und für Produkte – Ansatz für CAPEX-Entscheidungen bereitstellen	– Festlegung des Preisniveaus für die Weitergabe von Faktorkostensteigerungen – Einführung eines datengestützten Prognosemodells für Marktpreise – Kontinuierliche Erhöhung der Preise

4.2 Kostenmanagement

Das strategische und operative Inflation Controlling steht vor der Herausforderung, die Wettbewerbsfähigkeit zu sichern. Zudem sollen Wettbewerbsvorteile abgeleitet, eine angemessene Kapitalrendite erwirtschaftet und die Liquidität gesichert werden. Dementsprechend ist der Druck auf alle Beteiligten in Krisensituationen sehr hoch. Dabei gilt es nicht nur Aktionismus durch voreilige Maßnahmen zu vermeiden, sondern auch wohlüberlegt die Situation regelmäßig und sachlich zu beurteilen und gezielt zu verbessern. Häufig fehlt in Krisenphasen die Zeit, um sich fundiert mit allen Entwicklungen auseinanderzusetzen. Dennoch sind zielführende Maßnahmenkataloge zu erstellen und Prioritäten bei der Projektrealisierung zu setzen. Nicht zielführend ist pauschales Cost Cutting. Wesentlich zielführender ist dagegen die systematische Identifikation und Gestaltung der strategischen und operativen Kosten- und Werttreiber durch adäquate Instrumente.

Zur Inflationsbekämpfung ist ein fundiertes und umfassendes Kostenmanagement in den Unternehmen erforderlich. Beim Kostenmanagement stehen Kostenniveau, Kostenstruktur und Kostenverlauf im Unternehmen auf dem Prüfstand. Die systematische Analyse der Kostenpositionen erfordert sowohl die Integration der Kostenrechnung der primären und sekundären Wertschöpfungsfunktionen als auch der externen Stakeholder.

Unternehmen benötigen wettbewerbsfähige Kostenstrukturen, um langfristig erfolgreich zu sein. Die Kostenstruktur wird jedoch vielfach durch einen hohen Fixkostenanteil geprägt. Das macht eine kurzfristige Anpassung der Kostenstruktur herausfordernd und erschwert eine flexible Anpassung an veränderte Marktverhältnisse. Komplexitätstreibend kommt hinzu, dass durch die Inflation auch die variablen Kosten stark ansteigen.

Die Kostensteigerungen in vielen Bereichen haben auch Auswirkungen auf die Make-or-Buy-Aktivitäten im Unternehmen, weil teilweise externe Dienstleister ihre Preise massiv anheben oder ihre Dienstleistungen aus Kostengründen oder Fachkräftemangel einstellen.

Zur Sicherung der langfristigen Wettbewerbsfähigkeit ist ein umfassendes Kostenmanagement zu etablieren. Das Kostenmanagement ist markt- und kundenorientiert und zeichnet sich durch eine ganzheitliche Betrachtung über den gesamten Lebenszyklus aus. Es handelt sich beim Kostenmanagement um eine kontinuierliche Aufgabe, die interdisziplinär über alle Hierarchiestufen erfolgt. Dadurch wird das Ziel verfolgt, fokussiert auf die Kostensituation einzuwirken und Kostensenkungen und Produktivitätsverbesserungen zu realisieren ([7], S. 14 ff.). Um die Kosteneinsparziele zu erreichen, sind eindeutige Erfolgsgrößen sowohl für die Geschäfts- als auch Funktionsbereiche und Produkte zu definieren.

Kostenmanagement ist erfolgreich, wenn die Leiter von Geschäftseinheiten und die Mitarbeitenden der Unternehmensfunktionen zusammenarbeiten, um redundante oder unnötige Aktivitäten zu eliminieren und Ressourcen auf wertschöpfende Aktivitäten verlagern. Bei allen Beteiligten ist eine gemeinsame Kultur der Kostentransparenz und Verantwortlichkeit zu schaffen ([10]). Alle Beteiligten benötigen eine wertorientierte Sicht auf die betroffenen Bereiche, die sowohl an die Kosten als auch an die Erlöse denkt ([2], S. 5).

Im Rahmen einer umfassenden Analyse sind potenzielle Kostensenkungsziele zu identifizieren und zu definieren. Das ist die Grundlage um anschließend Pläne zur Kostenreduzierung aufzuarbeiten. Dabei ist zu bedenken, dass die Realisierung der Maßnahmen und die Erfolge zeitverzögert wirken. Die Maßnahmen sind deshalb nach kurz-, mittel- und langfristiger Wirksamkeit zu differenzieren.

Die Kunst ist die Kosten nachhaltig zu optimieren und die Einsparungen in erfolgreiche Wachstumsbereiche umzuverteilen. Ein Beispiel für einen Kostenoptimierungsplan ist die 4R-Strategie, die in Abb. 4.1 dargestellt ist, um effektiv Kosteneinsparungen zu erzielen: *„Reduce, Replace, Rethink, and Reinvest"*.

Mit der 4R-Strategie wird ein ausgewogener Ansatz zur zielgenauen Kostenoptimierung angestrebt und es werden nicht einfach nur pauschale Kürzungen vorgenommen. Das Unternehmen soll außerdem für zukünftiges Wachstum positioniert werden. Im Kern geht es darum, systematisch nach Effizienzsteigerungen zu suchen und auch über Kostenaspekte hinaus, den Unternehmenswert zu steigern.

Die Kosten werden gesenkt, ersetzt und grundsätzlich überdacht. Dadurch soll das Unternehmen in die Lage versetzt werden, zu reinvestieren um flexibler und effizienter zu werden. Das Ziel ist Effizienzsteigerung und Unternehmensentwicklung. Die Umsetzung erfolgt anhand einer Liste, die Kosteneinspar- und Innovationsprojekte in den unterschied-

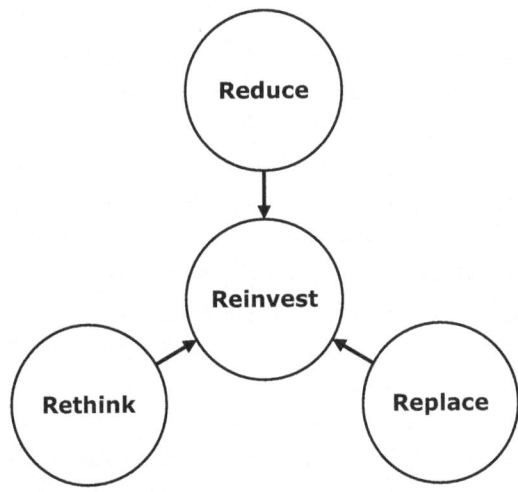

Abb. 4.1 The 4Rs Cost Optimization Strategy. ([9])

lichen Unternehmensbereichen definiert ([9]). Beispielhaft ist die Umsetzung nachfolgend in der Tab. 4.2 für den Bereich Infrastruktur und Operations ersichtlich.

Bei der Entwicklung und Umsetzung der 4R-Strategie sind zusätzliche, nicht-monetäre Vorteile zu berücksichtigen, wie z. B. Nachhaltigkeit, Unternehmensreputation und Mitarbeiterzufriedenheit.

Die Wirksamkeit der 4R-Strategie kann bei einem von der Inflation weniger betroffenen Unternehmensbereich implementiert werden, um den Ansatz zu testen. Es gilt den Implementierungsaufwand zu bestimmen, gleichermaßen die Erfolgswirksamkeit, insbesondere jedoch das Konflikt- und Widerstandspotenzial der betroffenen Mitarbeitenden. Nach der Evaluation kann der Ansatz auf weitere Unternehmensbereiche ausgedehnt werden. Unter Federführung vom CFO beziehungsweise vom Controlling lässt sich der ganzheitliche Ansatz zur Inflationsbekämpfung im Unternehmen einsetzen, unter Berücksichtigung der Besonderheiten der einzelnen Unternehmensbereiche.

Tab. 4.2 4R am Beispiel Infrastruktur und Operations

Reduce	Replace	Rethink	Reinvest
– Anzahl der Einrichtungen, Verfahren, Prozesse, Werkzeuge und Dienstleistungen – Anzahl der Mitarbeitenden – Serviceniveau, sowohl intern als auch extern – Externe Berater	– Vorhandene Technologie-, Cloud- oder andere Dienstleistungsanbieter – Internes Personal durch Outsourcing – Lieferantenbedingungen – Manuelle Abläufe	– Komplexität (Vereinfachung, Standardisierung und Automatisierung durch digitale Technologien) – Strategie zur Automatisierung von Prozessen und Aufgaben – Self Service-Möglichkeiten – Validierung	– Analyse-Tools zur Identifizierung von Verbesserungen bei der Lieferfähigkeit und Kundenzufriedenheit – Modernisierung der Infrastruktur – Neue Organisationsmodelle (z. B. DevOps) zur Skalierung der Arbeit – Schulung agiler Methoden und Tools

4.3 Controllinginstrumente

Mit den richtigen Controllinginstrumenten sind die Inflationsherausforderungen zu analysieren und notwendige kurz-, mittel-, und langfristige Maßnahmen zu ergreifen und richtig und konsequent umzusetzen. Komplexitätstreibend wirkt sich die Unsicherheit über die Dauer des Inflationszyklus und den Inflationsverlauf aus. Zusätzlich ist die Abschätzung schwierig, wie sich die Stakeholder aufgrund der Inflation verhalten. Das betrifft insbesondere die Unsicherheit über das private und gewerbliche Verbraucherverhalten und wie das Einkaufsverhalten aufgrund der Preissteigerungen angepasst wird.

Die operativen und strategischen Controllinginstrumente werden gezielt eingesetzt, um die von der Inflation betroffenen Kosten- und Wertreiber aufzudecken. Die Grundlage bildet eine fundierte und aktuelle Kostenrechnung, in der alle Kostenarten und ihre Kosteneigenschaften umfassend dargestellt sind. Für die systematische Kostenbeeinflussung wird das Wissen und die Erfahrung des Controllings benötigt, um die richtigen Controllinginstrumente einzusetzen. Dem Inflation Controlling steht ein ganzes Portfolio an Controllinginstrumenten zur Verfügung, die nachfolgend beschrieben werden.

Neugestaltung des Planungsprozesses
Die Inflation wirkt sich auf alle Planungsbereiche im Unternehmen aus (Geschäftsmodell- und Funktionsplanung). Die Detailierung der Planung hängt von den Auswirkungen der Inflation auf das Geschäftsmodell ab. Die Planungsaktivitäten sind von der Plankostenrechnung zu erfassen.

Das Controlling unterstützt den unternehmerischen Planungsprozess in einem volatilen Umfeld mit fundierten Szenarien für die kurz-, mittel-, und langfriste Planung. Für die Neugestaltung des Planungsprozesses ist eine Steuerungslogik zu definieren ([9]):

- Der Steuerungsanspruch („Wie soll gesteuert werden?").
- Die Steuerungsobjekte („Was soll gesteuert werden?").
- Die Steuerungsinstrumente („Womit soll gemessen und gesteuert werden?").

Das Steuerungskonzept fungiert als Grundlage für die Ausgestaltung und Steuerung der Planung. Eine integrierte Planung unter Berücksichtigung der Finanz- und Betriebsbuchhaltung ist maßgebend für eine ganzheitliche finanzielle Unternehmenssteuerung.

Dazu ist die Strategie mit klaren Top-Down-Vorgaben in den Planungsprozess zu integrieren. Neben der integrierten Bilanz- und Cashflow-Planung erfordert es zusätzlich einen integrierten Prozess mit sachlogisch aufeinander abgestimmten Teilplänen, z. B. Absatzmengenplanung als Voraussetzung für die Produktionsplanung. Daneben ist die Planungstiefe der Steuerungslogik anzupassen. Es wird z. B. aus Kundensicht bis zum Deckungsbeitrag 3 geplant und gesteuert. Weitere Kosten, z. B. Innovationskosten, werden ohne Kundensicht geplant und als Ist-Daten zur Verfügung gestellt. Die Umsetzung der Neugestaltung des Planungsprozesse erfolgt in mehreren Phasen ([5]):

- Definition des Steuerungsanspruchs, der Steuerungsobjekte und der Steuerungsinstrumente.
- Integriertes Planungsmodell Gemeinkostenverfahren oder Umsatzkostenverfahren, zentrale Margenplanung.
- Integrierte Intercompany-Planung, Detailverbesserungen, neue Berichte.
- Bilanz- und Cashflow-Planung, Detailverbesserungen, neue Berichte.
- Optimierung der Logik der strategischen Planung, Strategieintegration und Szenariobildung.

Die Anforderungen an die Unternehmenssteuerung und die Rolle vom Controlling zur Entscheidungsunterstützung steigen durch die Inflation. Der Forecast wird durch die vielen Unsicherheiten anspruchsvoller und auch durch die Notwendigkeit umfangreicher Simulationen komplexer. Hierbei ist der Einsatz von Machine Learning, Künstlicher Intelligenz und auch Predictive Analytics behutsam und überlegt anzuwenden, aufgrund oftmals nicht vorhandener Inflationsdaten aus der Vergangenheit.

Zunehmende Bedeutung gewinnen in einem unsicheren Umfeld Simulationsmodelle, die auf der Basis interner und externer Daten verschiedene Entwicklungen aufzeigen. Die Entscheidungsträger bewerten die Unternehmenssituation und Initiativen zur Inflationsbekämpfung in Szenarien, um strategische und operative Entscheidungen zu treffen. Auf der Grundlage von Software-Tools lassen sich verschiedene Szenarien für die Entscheidungsunterstützung generieren. Die Grundlage für die Simulation sind die Mengen- und Werttreiber aller wesentlichen Wertschöpfungsbereiche im Unternehmen (z. B. Absatzmarkt, Beschaffung, Produktion, Personal, IT), um die finanziellen Auswirkungen aufzuzeigen. Getrieben durch die Inflation haben Preispolitik, Beschaffungs- und Lohnkosten wesentlichen Einfluss auf das Simulationsmodell.

> **War for Talents**
>
> Die steigenden Verbraucherpreise haben auch Auswirkungen auf das Lohnniveau im Unternehmen. Deshalb erhöhen Unternehmen die Löhne teilweise signifikant. Zusätzlich macht der Fachkräftemangel die Mitarbeiterakquise und Mitarbeiterbindung schwieriger. Der War for Talents führt dahin, dass Unternehmen zunehmend Bleibeprämien bezahlen, um die Mitarbeitenden zu binden, Home Office ausbauen und über die Einführung der 4-Tage-Woche nachdenken.

Neben der Betrachtung unterschiedlicher Szenarien sind unterschiedliche Kriterien für die Szenariobewertung und Entscheidungsunterstützung heranzuziehen. Dazu sind neben der finanziellen Bewertung auch Risikobewertungen anzuwenden:

- Wie verändert sich durch Inflation die Risikoposition des Unternehmens?
- Wie verändert sich die Resilienz?
- Welchen Einfluss hat das Szenario auf Produktionsausfälle?

Um der zunehmenden Bedeutung der Nachhaltigkeit Rechnung zu tragen, sind auch ESG-Kriterien bei der Bewertung von Szenarien anzuwenden (z. B. CO_2-Ausstoss, Mitarbeiterzufriedenheit).

In Krisenzeiten kommt es zu einer Ausweitung der Controlling-Aufgaben. Das Controlling kann in diesen Zeiten durch eine umfassende Entscheidungsunterstützung seinen Wertbeitrag als Business Partner aufzeigen ([13]). Die Modellierung von Szenarien sollte grundsätzlich im Planungsprozess der Unternehmen integriert sein. Es fördert die Denkweise und Diskussion zum Themenfeld Inflation im Spannungsfeld von

Best Case, Base Case und Worst Case und liefert proaktiv Handlungsempfehlungen für operative und strategische Entscheidungen.

Beyond Budgeting
Die Budgetierung ist ein wichtiger Controlling-Prozess zur Unterstützung der Unternehmenssteuerung. In Krisenzeiten nimmt die Kritik an der oftmals starren Budgetierung in den Unternehmen zu und die Forderung nach einer flexiblen und dezentraleren Budgetierung steigt, um dynamisch auf die Veränderungen zu reagieren. In dem Zusammenhang werden häufig die Ansätze von Beyond Budgeting und Better Budgeting diskutiert. Die Ansätze geben wichtige Impulse für die Optimierung der Budgetierung, gerade in einer dynamischen Umwelt. Bei neuen Budgetierungsprozessen sind jedoch auch organisatorische Rahmenbedingungen, das Controlling-Modell und insbesondere die Unternehmenskultur zu berücksichtigen. Deshalb sind eher einzelne Aspekte, wie die rollierende Planung, zu übernehmen, um den dynamischen Entwicklungen gerecht zu werden ([18]). Es ergeben sich für die Budgetierung unter Berücksichtigung der Inflation folgende Empfehlungen ([8], S. 49):

- Mit inflationsbereinigten Zielvorgaben arbeiten.
- Beschäftigung mit produktspezifischen Preisentwicklungen.
- Nutzung von Frühwarnindikatoren (Allgemeine Preiserwartung).

Weitere Controllinginstrumente
Zu weiteren Controllinginstrumenten zählen die *Prozesskostenrechnung* und die *Gemeinkostenwertanalyse*, um die Fixkosten bzw. die Gemeinkosten transparent zu machen und Maßnahmen zur Senkung der Kosten zu definieren. Das *Target Costing* ist ein wirksames Controllinginstrument, um sich auf die wesentlichen Produktfunktionen zu konzentrieren und die Kostenanalyse bis ins kleinste Detail durchzuführen. Das Target Costing verknüpft außerdem das Preismanagement mit der Kostenanalyse. Häufig kombiniert man das Target Costing mit einem Benchmarking, um wettbewerbsfähige Ziele für die Kostenvorgaben zu definieren. Anhand dieser Informationen werden kostenbeeinflussende Maßnahmen

abgeleitet und umgesetzt. Die Konzentration auf die Kostengestaltung wertschöpfender und die Eliminierung nicht-wertschöpfender Tätigkeiten lässt sich auch durch eine *Werttreiberanalyse* durchführen. Das Controlling ermutigt das Beschaffungs- und Entwicklungsteam, ihre Produkte, die am stärksten von der Inflation betroffen sind, neu zu konzipieren (unter Berücksichtigung regulatorischer Vorgaben). Ziel ist es, das Produktdesign, Materialien, Verpackungen oder sogar Produktmerkmale an erhöhte Produktions- und Wartungskosten anzupassen und gleichzeitig die vom Kunden gewünschte Funktionalität beizubehalten ([1]). Mit dem Controllinginstrument *Werttreiberanalyse* lassen sich detailliert die Anknüpfungspunkte zur Wertsteigerung transparent machen. Für die Analyse der Wertschöpfung gibt es zahlreiche Anknüpfungspunkte, z. B.:

- Überprüfung Personalbestand.
- Anpassung Bonusprogramme.
- Vereinfachung vom Produktprogramm durch Standardisierung.
- Optimierung der Logistik.
- Werbemaßnahmen und Sponsoring überprüfen.
- Externe Dienstleister und Beratungen hinterfragen.
- Einkaufskooperationen bilden.
- Bürofläche durch hybrides Arbeiten verringern.
- Energiesparmaßnahmen konsequent umsetzen.

IT-Budget

Die hohen Preise für IT-Produkte, IT-Dienstleistungen und IT-Mitarbeitende führt zu einer Anpassung des IT-Portfolios bzw. der Priorisierung von IT-Investitionsentscheidungen in den Unternehmen. Die IT-Budgets werden in Krisenzeiten schnell eingefroren und Investitionsentscheidungen in die Informationstechnologie sind dann stark effizienzgetrieben. Die CIOs sind gezwungen die IT-Pläne anzupassen und Geschäftsprozesse zu standardisieren und zu optimieren. Unternehmen investieren auch verstärkt auf Künstlicher Intelligenz (KI) basierenden Software-Lösungen, um den Ressourceneinsatz zu optimieren und die Qualität der Geschäftsprozesse zu verbessern.

Die Überprüfung der Kostentreiber führt häufiger zu einer Überarbeitung der *Kalkulationsverfahren*, um z. B. die Gemeinkosten mit aktualisierten Zuschlagssätzen zu verrechnen und neue Preise zu bestimmen. Die Möglichkeit der Preisdurchsetzung erfolgt in enger Abstimmung mit dem Vertrieb.

Der Einsatz der richtigen Controllinginstrumente ist von zahlreichen Rahmenbedingungen abhängig und umfasst die Ziele der Kostenanalyse, Qualität der Kostenrechnung im Unternehmen, Software-Tools und auch die Erfahrung der Mitarbeitenden mit Controllinginstrumenten. Nachfolgend wird die mehrstufige Deckungsbeitragsrechnung aufgrund der weiten Verbreitung ausführlicher beschrieben.

Mehrstufige Deckungsbeitragsrechnung
Die mehrstufige Deckungsbeitragsrechnung gewinnt in der aktuellen Situation zur Inflationsbekämpfung wieder stark an Bedeutung, einerseits als fundiertes Analyse- andererseits als Entscheidungsinstrument. Die mehrstufigen Deckungsbeiträge schlüsseln die oftmals hohen Fixkostenanteile in einem Unternehmen transparent auf und ermöglicht damit Anknüpfungspunkte für Optimierungen der Kostensituation. Auf jeder Deckungsbeitragsstufe sind die Kostentreiber mit den Verantwortlichen im Unternehmen zu analysieren und Vorschläge für die Beeinflussung aufzuzeigen.

Für die Analyse der Vorteilhaftigkeit einer Kundenbeziehung kann die mehrstufige Deckungsbeitragsrechnung herangezogen werden. Sie gibt umfassend Aufschluss über die Deckung der kundenspezifischen Kosten und damit ein transparentes Verständnis zur Ergebnissituation pro Kunde und dient als Basis, das Kunden- und Produktportfolio anzupassen ([2], S. 625). Es handelt sich hier um ein einfaches, aber wirkungsvolles Instrument zur Analyse und Entscheidungsfindung der Kundenerfolgsrechnung, wie nachfolgende Tab. 4.3 zeigt.

Mit der mehrstufigen Deckungsbeitragsrechnung lassen sich die Kosten-, Erlös-, und Kundenwerttreiber sehr transparent verdeutlichen und somit Anknüpfungspunkte für Optimierungen aufzeigen. Auf dieser Basis können vielschichtige Maßnahmen zur Deckungsbeitragsoptimierung aufgezeigt und Kostennachteile eliminiert werden. Zur

Tab. 4.3 Mehrstufige Deckungsbeitragsrechnung zur Kundenerfolgsrechnung. ([2], S. 623)

Bezugsebene	Erfolgskomponenten
Kunde	Bruttoumsatzerlöse
	− Erlösschmälerungen
Produkt	= **Nettoumsatzerlöse**
	− Materialkosten
	− Kosten für Fremdleistungen
	− Fertigungskosten
	− Sondereinzelkosten der Fertigung
	= **DB I (nach Grenzherstellkosten)**
	− Fixkosten der Fertigung
	= **DB II (nach Prozesskosten der Fertigung)**
	− Prozesskosten Lager
	− Prozesskosten Kapital
	− Prozesskosten Disposition
Kunde	= **DB III (nach vollen Herstellkosten)**
	− Prozesskosten Vertriebsaufträge
	− Prozesskosten Kundenbesuche
	− Prozesskosten Platzierung
	− Prozesskosten Versandaufträge
Unternehmen	= **DB IV (nach Kundenprozesskosten)**
	− Gemeinkosten (Vorleistungen/Verwaltung)
	= **Betriebsergebnis**

Analyse der Prozesskosten können die Prozesskostenrechnung oder andere Controllinginstrumente hinzugezogen werden.

Anhand der Analyseergebnisse der mehrstufigen Deckungsbeitragsrechnung kann das Vertriebsteam geschult werden, Kundinnen und Kunden stärker von standardisierten Lösungen zu überzeugen. Kundenspezifische Produkte mit vielen Produktkonfigurationen verursachen hohe Kosten und schwierige Preisgestaltungen ([12]). Das führt bei Unternehmen mit multiplen Produktkategorien, Businessmodellen und Marken oftmals zu umfassenden Anpassungen. Dazu zählen beispielsweise der Abbau von Komplexität, die Vereinheitlichung von Abläufen oder Bereinigung beim Produktportfolio.

Grundsätzlich sind Preissteigerungen sorgfältig auf Kunden- und Produktsegmente zuzuschneiden, um die Kundenzufriedenheit und langfristige Kundenbeziehung nicht zu gefährden. Dazu gehört auch das Rabattsystem aktuell zu halten, wenn sich täglich die Beschaffungskosten ändern. Die Kommunikation zwischen Beschaffung und Vertrieb ist ein wesentlicher Erfolgsfaktor, um die Marge zu steuern.

> **Gastronomie**
>
> Kundinnen und Kunden verhalten sich zunehmend zurückhaltend bei Restaurantbesuchen und sind preissensibel beim gastronomischen Angebot. Gastronomen sind deshalb vorsichtig bei Preisanpassungen. Preisänderungen werden moderat und transparent angekündigt oder man versucht mit Aktions- und Bündelangeboten bei preissensiblen Kunden attraktiv zu bleiben. Auf der Kostenseite steigen die Kosten für Rohstoffe, Energie und Löhne. Nach der Pandemie gestaltet sich die Suche nach Fachkräften schwierig, weil viele Mitarbeitenden in der Gastronomie in andere Branchen abgewandert sind. Entsprechend steigen die Löhne in der Branche. Diese Entwicklungen wirken sich auf die Deckungsbeiträge aus und können gar die Existenz von Unternehmen gefährden.

Die Herausforderungen bei der mehrstufigen Deckungsbeitragsrechnung (und allen Controlling-Instrumenten) bestehen zusätzlich in der Integration einer Vielzahl von operativen IT-Systemen, in denen die Daten vorgehalten und mittels intelligenter Logiken miteinander verbunden werden. Es entstehen aber auch nachgelagerte Fragestellungen, z. B. wer ist im Unternehmen für die Richtigkeit der Stammdaten verantwortlich (Stammdatenpflege) und was passiert, wenn Auswertungen nicht den Erwartungen entsprechen? ([6], S. 29 ff.). Diese Fragen sind vor dem Entscheid über den Einsatz der mehrstufigen Deckungsbeitragsrechnung oder anderer Controllinginstrumente mit den Beteiligten zu klären.

Zusammenfassend kann festgehalten werden, dass die mehrstufige Deckungsbeitragsrechnung die Grundlage für aussagekräftige und zuverlässige Umsatz-, Kosten- und Gewinnanalysen bildet und wichtige Informationen für unternehmerische Entscheidungen liefert. Durch die Mehrstufigkeit ist es möglich, nicht nur das Gesamtunternehmen zu beurteilen, sondern auch zu erkennen, auf welchen Ebenen und an welchen Standorten der Erfolg des Unternehmens entsteht und wo Problemfelder existieren. Die mehrstufige Deckungsbeitragsrechnung lässt sich auch in einem Dashboard einfach darstellen ([6], S. 29 ff.).

Das Controlling verfügt insgesamt über wirksame Instrumente, um die Auswirkungen der Inflation auf das Geschäftsmodell, Produkte und Geschäftsprozesse transparent zu machen. Es liefert wichtige Anknüpfungspunkte für die Betroffenen, um mit gezielten Maßnahmen der Inflation gegenzusteuern. Einzelne Instrumente wurden in der jüngsten Vergangenheit weniger exzessiv eingesetzt. Es fehlt deshalb auch an Erfahrung im richtigen Einsatz der Instrumente, insbesondere unter Berücksichtigung der Inflation.

4.4 Kennzahlen und Kennzahlensysteme

Das Inflation Controlling stellt als elementare Aufgabe die relevanten Informationen zur Entscheidungsunterstützung zur Verfügung. Kennzahlen und Kennzahlensysteme sind in diesem Zusammenhang von großer Relevanz. Kennzahlen beschreiben in absoluten oder relativen Größen die finanziellen und nicht finanziellen betriebswirtschaftlichen Sachverhalte. Bei Kennzahlen, die zueinander in Beziehung gesetzt werden, spricht man von Kennzahlensystemen. Die relevanten Kennzahlen werden aus den Sach- und Formalzielen des Unternehmens abgeleitet. Unternehmen verfügen über ein ausgeprägtes Kennzahlen-Set, aus finanziellen und nicht finanziellen Größen, um das Unternehmen und die Fachbereiche zu steuern.

Die Wahl der Kennzahlen hängt von vielen Faktoren ab. Das Spektrum reicht von der Unternehmensstrategie über das Geschäftsmodell bis hin zur Beliebtheit von Kennzahlen bei den Entscheidungsträgerinnen und Entscheidungsträgern. Das Inflation Controlling übernimmt eine koordinierende Rolle bei der Definition, Aktualisierung und Optimierung der Kennzahlen und Kennzahlensysteme in enger Zusammenarbeit mit den Funktions- und Prozessverantwortlichen. Im weiteren Verlauf werden Kennzahlen für die Unternehmensbereiche Beschaffung, Logistik, Produktion, Vertrieb und Marketing und Innovation aufgezeigt.

Beschaffungskennzahlen
Die Einkaufspreise vieler Rohstoffe, Vorprodukte und Verbrauchsmaterialien sind stark angestiegen. Lieferanten verlangen vermehrt

Mindestabnahmen oder verrechnen die Produkte nach dem Cost-Plus-Modell: Rohstoffkosten plus einem Kostenaufschlag. Außerdem existiert das latente Risiko, das Lieferanten aufgrund der Corona-Pandemie und den Auswirkungen der Inflation ihr Geschäftsmodell einstellen. Das führt zur Suche nach Ersatzlieferanten bzw. Substitutionsprodukten mit teilweise sehr hohen Transaktionskosten.

In der Konsequenz steigen die Beschaffungskosten in vielen Unternehmen und drücken auf die Marge, falls die Preise auf den Absatzmärken nicht angehoben werden können. Für die Steuerung der Beschaffungsfunktion, die oftmals einen großen Kostenblock im Unternehmen verursacht, sind z. B. folgende Kennzahlenkategorien von Bedeutung ([7], S. 278 ff. und [12], S. 354):

- Kennzahlen zum Einkauf (z. B. Anteil Beschaffungskosten an den Gesamtkosten, am Umsatz, Zahlungskonditionen).
- Kennzahlen zur Sicherung der Versorgung (z. B. Materialeindeckung, Durchlaufzeit für Beschaffungsprozesse, Lieferservicegrad gegenüber Produktion).
- Kennzahlen zur Einhaltung der Beschaffungsstrategie (z. B. Nutzungsgrad vorhandener Rahmenverträge).
- Kennzahlen zur Beschaffungseffizienz (z. B. Losgröße, Beschaffungseffizienz, Einkäuferproduktivität, Kosten pro Bestellung).
- Digitalisierungsgrad in der Beschaffung.

Das Controlling kann den Einkauf und die Rechtsabteilung unterstützen, neue und bestehende Lieferverträge zu prüfen, Einsparmöglichkeiten durch Neuverhandlungen zu initiieren, Anpassungen bei den Lieferzeiten vorzunehmen oder beim Wechsel bzw. der Konsolidierung von Lieferanten.

Logistikkennzahlen
Die Lieferketten sind in der jüngsten Vergangenheit deutlich volatiler geworden und damit die Verfügbarkeit von Rohstoffen, Vorprodukten und

Verbrauchsmaterialien. Die Auswirkungen von Lieferengpässen auf die Produktion reichen von kurzfristigen Produktionsunterbrechungen, Produktion und Einlagerung unfertiger Erzeugnisse, Verlagerung ganzer Geschäftsmodelle und Branchen bis zu Geschäftsaufgaben, z. B. energieintensive Handwerks- und Gastronomiebetriebe. Das Inflation Controlling hat die Aufgabe, die Wertschöpfungskette zu stabilisieren und resilienter zu gestalten.

> **Lieferengpässe bei Medikamenten**
>
> Durch die Inflation steigen die Kosten für Energie, Verpackungsmaterialien (Papier, Glas), Logistik und Wirkstoffe in der Pharmabranche. Aufgrund der Preisregulierung (Festpreisvereinbarung) sind Preisanpassungen an die gestiegenen Herstellungskosten nicht unmittelbar möglich und erhöhen den wirtschaftlichen Druck auf die Medikamentenhersteller und Auftragsfertiger. Die Pharmaunternehmen und Auftragsfertiger konzentrieren sich daher auf profitable Produkte. Sie nutzen ihre Produktionskapazitäten bevorzugt für Produkte mit hohen Deckungsbeiträgen. Die Produktion von Generika mit vergleichsweise tieferen Verkaufspreisen und niedrigeren Deckungsgraden wird entsprechend zurückgefahren. Dies bleibt allerdings nicht ohne Folgen für den Medikamentenmarkt. Durch die Umnutzung der Produktionskapazitäten entstehen Herstellungsengpässe bei Medikamenten. Es fehlt die Produktionskapazität für Generika, die kurzfristig von anderen Herstellern nicht kompensiert werden kann. Die Folge sind Lieferschwierigkeiten der Pharmaindustrie ([15]).

Um Lieferunterbrechungen zu vermeiden, kommt dem Material-, Güter-, und Informationsfluss eine entscheidende Bedeutung zu. Kennzahlen im Bereich Logistik sind z. B. ([7], S. 284 ff. und [21], S. 281):

- Lieferservice (Lieferzeit, Lieferzuverlässigkeit, Lieferbereitschaft).
- Prozessbeherrschung (Verbrauchsprognoseerfüllung).
- Wirtschaftlichkeit (Logistikkosten an den Gesamtkosten, Logistikkosten pro Umsatz, Treibstoffkosten, Wartungskosten).
- Kapazitätsauslastung (Ist-Einsatzstunden, Leerkosten, Aufstockungsmöglichkeiten).
- Umschlagshäufigkeit (Lagerumschlaghäufigkeit).

> **Transportbranche**
>
> Im Transportbereich steigen die Betriebskosten der Speditionen stark an. Der Anstieg der Betriebskosten wird verursacht durch höhere Beschaffungskosten der Fahrzeuge, gestiegene Reparatur- und Wartungskosten, Stillstandzeiten aufgrund fehlender Ersatzteile, gestiegene Preise für Betriebsstoffe wie Treibstoff, Schmiermittel und höhere Versicherungsprämien. Erschwerend kommt hinzu der Fachkräftemangel und die Herausforderung, geeignete Grundstücke für Speditionsterminals zu wirtschaftlichen Preisen zu finden.

Mögliche Schwierigkeiten bei der Beschaffung und der Logistik haben auch Auswirkungen auf das Risikomanagement im Unternehmen. Die Beschaffungsverantwortlichen haben zu klären, wie hoch die Ausfallrisiken einzelner Lieferanten seien und mit welcher Ausfalldauer jeweils gerechnet werden müsse. Dies hat teils einschneidende Auswirkungen auf die Produktion und ist die Grundlage, um etwaige Umsatzeinbußen bestimmen zu können. In der aktuellen Situation verpuffen die Vorteile von Just-in-Time-Lieferungen in vielen Branchen. Eine Maßnahme ist Sicherheitsreserven aufzustocken und dafür bei Bedarf zusätzlich Lagerfläche extern anzumieten, mit dem Ziel, die Produktion aufrecht zu erhalten. Für viele Unternehmen erfolgt damit ein Strategiewechsel in der Beschaffung von der Bestandsoptimierung hin zur Bestandssicherung.

Produktionskennzahlen
Bei der Produktion kann die präzise Aufschlüsselung der Produktionskosten hinsichtlich Material-, Fertigungs-, und Administrationskosten hilfreich sein. Das umfasst auch interne Verrechnungspreise und Zuschlagssätze auf die Gemeinkosten. In diesem Zusammenhang sind die Zuschlagssätze und Kalkulationen im Unternehmen häufiger anzupassen, um den aktuellen Entwicklungen Rechnung zu tragen. Neben der Wertbetrachtung sollten auch die Mengengerüste in der Produktion kritisch betrachtet werden. Die Ergebnisse führen zur Optimierung des Produktportfolios und zur Konzentration auf rentable(re) Produkte.

4 Inflation Controlling

Durch die aktuelle Preissteigerung hat die Produktion mit erheblichen Kostenblöcken zu kämpfen.
Kennzahlen für den Bereich Produktion sind z. B. ([7], S. 290 und [19], S. 284):

- Prozessergebnis (Produktionsmenge).
- Prozessbeherrschung (Durchlaufzeit, Termintreue, Qualität).
- Produktionslogistik (Lieferbereitschaftsgrad, Bestandsreichweite).
- Soll-Ist-Abweichungen (Einzel- und Gemeinkostenabweichung).
- Prozessbeherrschung (Kosten für Ausschuss, Nachbearbeitung, Rücksendungen).
- Produktivität (Produktionsleistung/Maschinenstunden).
- Werkstoffe (Verbrauch, Verfügbarkeit, Qualität, Abfälle).
- Kapazitätsauslastung der Maschinen (z. B. Bearbeitungs-, Stillstandzeiten, Kapazitätsverfügbarkeit).
- Kapitaleinsatz (Umschlagshäufigkeit Vorräte, Umlaufvermögen, Anlagevermögen, Amortisation).

Vertrieb- und Marketingkennzahlen
Im Vertrieb kann das Inflation Controlling durch eine sehr differenzierte Deckungsbeitragsrechnung die Vorteilhaftigkeit der Produkte und Dienstleistungen bestimmt werden. Die Ergebnisse können sowohl für das bestehende Produktportfolio als auch für die zukünftige Gestaltung des Produktportfolios genutzt werden. Es ist elementar, wie sich Produkt-, Transportverfügbarkeit, Transportkapazitäten und Lieferzeiten auf die Kundenzufriedenheit auswirken. Das Inflation Controlling kann den Vertrieb bei nachfolgenden Themen unterstützen:

- Monitoring der Preisdurchsetzung von Wettbewerbern bei Kunden.
- Kalkulation von Preiserhöhungen (Pricing Playbook).
- Gestaltung der Rabattpolitik.
- Überprüfung von Kundenverträgen hinsichtlich Möglichkeit von Preisanpassungen.
- Einhaltung von Preisklauseln.

Die Preisentwicklung ist kontinuierlich zu analysieren und falls notwendig, sind die Preise anzupassen. Allerdings ist bei Preisanpassungen behutsam vorzugehen. Bei den Kundinnen und Kunden darf nicht der Verdacht aufkommen, dass die Inflation für überzogene Preiserhöhungen missbraucht wird, um die Unternehmensgewinne zu vergrößern.

Die Überprüfung des Marketingbudgets ist oftmals eine der ersten Maßnahmen, um Kosteneinsparungen zu erzielen. Eine pauschale Kürzung ist häufig nicht zielführend. Viel entscheidender ist die gezielte Ausrichtung der Marketinganstrengungen auf die relevante Zielgruppe. Dazu zählt z. B. die Überprüfung von Sponsoring, Wirksamkeit von Social Media-Kanälen und Erfolg analoger und digitaler Vertriebskanäle.

Social Media-Kanäle können auch gezielt eingesetzt werden, um die Auswirkungen der Inflation auf das Geschäftsmodell für die Kunden und Kundinnen transparent zu kommunizieren. In diesem Zusammenhang empfiehlt sich ein umfassendes Monitoring der analogen und digitalen Touchpoints, um die Maßnahmen auf die Customer Journey zu überwachen und zu bewerten.

Kennzahlen zum Vertriebs- und Marketingcontrolling sind z. B. ([7], S. 299, [3, 17] und [22], S. 89):

- Marketingproduktivität (Deckungsbeitrag /Marketingkosten).
- Früherkennung (Kaufkraft, Branchenumsatz, Auftragseingang).
- Strukturanalyse (Marktanteil, Marktvolumen, Umsatzstruktur, Absatzsegmentrechnung, Soll-Ist-Abweichung des Erfolgs, Nettoumsatz, Nettoumsatzrentabilität, Deckungsbeiträge nach Produkt, Kunden Region, Bruttoumsatzrentabilität).
- Social Media-Kennzahlen (Reichweite der Kanäle, Interaktion).

Zur Messung der Kundenzufriedenheit gewinnt der Net Promoter Score (NPS) stark an Bedeutung. Für die Entscheidungsträger ist der Net Promoter Score ein wichtiger Indikator der Kundenloyalität, damit die Unternehmensentwicklung von Kundinnen und Kunden honoriert und ein Kundenerlebnis geschaffen wird ([22], S. 90). In zahlreichen Unternehmen ist der Net Promoter Score bonusrelevant.

Net Promoter Score (NPS)

Der Net Promoter Score ist eine Kennzahl, die angibt, wie viele Kundinnen und Kunden ein Unternehmen weiterempfehlen würden. Das Net Promoter Score-System misst und analysiert drei Kunden-Segmente:

- *Promotoren* sind Kundinnen und Kunden, die mit einem Produkt bzw. einer Leistung so zufrieden sind, dass sie die Marke anderen weiterempfehlen würden.
- *Passive* sind Kundinnen und Kunden, die zwar zufrieden sind, aber nicht so sehr, dass sie der Marke treu bleiben und für das Unternehmen dauerhaft von Wert sind.
- *Detraktoren*, sind enttäuschte Kundinnen und Kunden, die dem Wachstum und dem Ruf des Unternehmens durch negative Mundpropaganda schaden.

Promotoren vergeben einen Score von 9 oder 10, Passive einen von 7 oder 8 und Detraktoren einen von 6 oder weniger. Durch Subtraktion vom Prozentsatz an Detraktoren vom Prozentsatz der Promotoren ergibt sich der Net Promoter Score eines Unternehmens ([16]).

Innovationkennzahlen

Der durch die Inflation ausgelöste Transformationsprozess bringt zahlreiche Innovationsvorhaben auf den Weg. Unternehmen digitalisieren die Bestell- und Vertriebsprozesse oder modernisieren ihre IT-Landschaft. Neben Effizienzsteigerungen bei den Geschäftsprozessen sind aber auch Innovationen in die Unternehmensentwicklung notwendig.

Relevante Kennzahlen im Zusammenhang mit Innovationen sind z. B. ([7], S. 308 ff. und [20], S. 7):

- Bearbeitungsdauer von Innovationsvorhaben, von der die Time-to-Market und die Amortisation der Innovation abhängt.
- Markt- und Umsatzwachstum neuer Geschäftsmodelle.
- Umsatzsteigerungen, Deckungsbeitrag bei Produktinnovationen.
- Kosteneinsparungen bei Prozessinnovationen.
- Digitalisierungsgrad vom Geschäftsmodell.
- Budgetaufteilung: Run the Business zu Change the Business.

Bei allen Innovationsbestrebungen ist zu berücksichtigen, dass der Erfolg von Innovationen nicht von der Höhe des Budgets abhängt, sondern vom Mindset der Mitarbeitenden und damit von einer Unternehmenskultur, die Veränderungen fördert.

Durch die Inflation sind Unternehmen gefordert, sich schnell an veränderte Rahmenbedingungen und Anforderungen anzupassen. Elementar sind dabei die zielgerichtete Umsetzung der Unternehmensstrategie und die Abbildung und Messung mit geeigneten Kennzahlen.

Experteninterview mit Prof. Dr. Ingo Cassack

Ingo Cassack ist seit 2020 Professor für BWL, Rechnungswesen und Controlling an der Hochschule Zittau/Görlitz und dem Internationalen Hochschulinstitut (IHI) der TU Dresden. Ingo Cassack verfügt über langjährige Erfahrungen als CFO und Controller bei internationalen Unternehmen.

Ulrich Egle: Die Inflation treibt die Kosten der Unternehmen in die Höhe. Doch nur wenige Unternehmen können die Preise ausreichend an die Kunden weitergeben. Mit welchen Maßnahmen kann man aus Deiner Sicht und mit Deiner langjährigen Erfahrung gegensteuern?

Ingo Cassack: Die Inflation ist eine vielschichtige Herausforderung, weil sie nach Jahren der hohen Preisstabilität betriebswirtschaftliche Aufgaben ins Blickfeld rückt, die länger nicht im Fokus standen. Zu den resultierenden Primäreffekten gehören Preiserhöhungen auf der Einkaufseite, Schwankungen bei Wechselkursen und Zinssteigerungen, insgesamt lässt sich eine Erhöhung der Unsicherheit feststellen. Im Unternehmen geht es zunächst aus meiner Sicht darum, die IST-Situation klar zu analysieren und Maßnahmen zu ergreifen.

Es ist richtig, dass Preise oft nicht zeitnah weitergegeben werden. Dies ist die klare Aufgabe des Vertriebs. Im Vertrieb sollten die Inflationszahlen zeitnah kommuniziert und dann Preiserhöhungen durchgeführt werden. Generell gilt, dass Preissenkungen – wenn überhaupt – einmalig, sehr gezielt für einzelne Produkte und dann in großen Schritten vorgenommen werden sollten. So sind diese dann auch für die Kunden leicht ersichtlich und gut kommunizierbar. Inflationsbedingte und sonstige Preiserhöhungen sind regelmäßig (z. B. halbjährlich) in kleineren Schritten zu realisieren. Ebenso sind „Eckprodukte", die einfacher vergleichbar sind, natürlich sensibler zu bepreisen, als stark differenzierte Produkte oder Dienstleistungen.

Auf der Einkaufseite erleben viele Unternehmen den Konflikt zwischen der fehlenden bzw. nicht ausreichenden Verfügbarkeit von Rohstoffen und der Meidung von hohen Kostensteigerungen. Deshalb ist der Aufbau von neuen Lieferantenbeziehungen strategisch wichtig. Eine weitere Maßnahme ist der Einbau von Kennzahlen zur Anzahl von Lieferanten für wichtige Vorprodukte in einem Cockpit. Bei „Single Sourcing" können dann konkrete Maßnahmen erfolgen. Solche Aktionen sind z. B. die strategische

Suche oder Entwicklung von neuen Lieferquellen -oft auch international. Sonst zahlen Unternehmen für harte, kurzfristige Verhandlungen mit geringeren Preissteigerungen mittel- und langfristig einen hohen Preis.

Ulrich Egle: So viel zur IST-Analyse auf der Vertriebs- und Einkaufseite. Was ist aus praktischer Sicht bei der Analyse im Finanzbereich wichtig?

Ingo Cassack: Aus praktischer Sicht ist aufgrund der Preissteigerung und dem Zinsanstieg eine quantitative und qualitative Prüfung der Kreditwürdigkeit von Kunden im Vertrieb deutlich wichtiger geworden. Des Weiteren gefährden die steigenden Kapitalkosten die Liquidität in den Unternehmen. Zudem wurde zu Zeiten der COVID-19-Pandemie in einigen Ländern (z. B. Deutschland) der gesetzliche Insolvenzschutz temporär außer Kraft gesetzt. Nachdem dieser Insolvenzschutz jetzt ausgelaufen ist, verstärkt dies mit der gestiegenen Inflation, sowie den höheren Zinsen, den Druck auf Partnerunternehmen.

Ulrich Egle: Was umfasst die quantitative Prüfung der Kreditwürdigkeit konkret?

Ingo Cassack: Viele Unternehmen kaufen sich von externen Dienstleistern Bonitätsbewertungen, dies ist sicherlich als Ausgangspunkt eine gute Möglichkeit. Daneben ist aus meiner Sicht eine kritische, quantitative Analyse von vorliegenden Zahlen, aus mindestens den drei „klassischen" Perspektiven Finanzierunganalyse der Bilanz (z. B. als Kennzahl den Verschuldungsgrad), die Ergebnisanalyse von GuV (z. B. Rentabilitäten, Sensitivitäten) als auch die Liquiditätsanalyse für die Cashflow-Rechnung (besonders zur Bewertung der Innenfinanzierung oder Einfluss von Abschreibungen), notwendig.

Diese Kennzahlenprüfung wird von vielen Unternehmen hinsichtlich ihrer Lieferanten, Kundinnen und Kunden nicht durchgeführt. Die Auswirkungen eines Zahlungsausfalls oder einer finanziellen Schieflage sind für das Unternehmen jedoch enorm. Und wie bereits geschildert, ist das Risiko in der Situation von Inflation und höheren Zinsen stark gestiegen.

Ulrich Egle: Daneben soll eine qualitative Prüfung der Kreditwürdigkeit erfolgen. Was bedeutet dies konkret?

Ingo Cassack: Auch hier besteht nach meiner Erfahrung noch Verbesserungspotenzial in der Praxis. Dies kann bedeuten, dass aktuellere Zahlen aktiv angefragt werden. Wichtige kleine bis mittelgroße Partnerunternehmen können vor wesentlichen Entscheidungen um die aktuelle Bilanz und GuV gebeten werden. Einige Unternehmen lassen diese dann von Geschäftsführerinnen und Geschäftsführern und/oder Steuerberaterinnen und Steuerberatern unterschreiben. Natürlich sind diese qualitativ nicht mit einem testierten Jahresabschluss gleichzusetzen. Aber dafür sind die Zahlen viel aktueller und können so schon Tendenzen in den veränderten Rahmenbedingungen abbilden. Bilanzen, GuV und Cashflows zeigen den Erfolg oder Misserfolg eines Unternehmens nachteiligerweise nur retrospektiv.

Qualitative Analyse bedeutet aber auch, dass sich mit der Rechnungslegung, zumindest in Grundzügen, auseinandergesetzt wird. Folgende

Fragestellungen sollten behandelt werden:

- Sind die mir vorliegenden Zahlen gemäß HGB, IFRS oder einem anderen Standard?
- Gab es Bewertungsveränderungen und wie ist die Auswirkung gewesen?
- Schließlich sollte aus meiner Sicht neben dieser Retrospektive auch eine Chancen- und Risikobewertung stattfinden. Kann ich durch diesen Kunden z. B. einen bestimmten Markt erschließen oder verlieren?

Gerade in stürmischen Zeiten mit höherer Inflation und Zinsen gilt es weiter ruhig unternehmerisch zu handeln.

Ulrich Egle: Kommen wir zum Controlling. Wie navigiert man als Controllerin und Controller ein Unternehmen erfolgreich durch die Inflation?

Ingo Cassack: Viele multinationale Unternehmen können sich aus einem breiten Erfahrungsschatz bedienen. Ich habe als junger Leiter Controlling Führungserfahrung in Südamerika gesammelt. Die Herausforderungen der Inflation waren dort immer mehr oder weniger präsent. Ich bin sicher, dass das Wissen zur Steuerung in vielen größeren Unternehmen vorhanden ist. Und auch kleinere Unternehmen können von den Erfahrungen aus Brasilien, Argentinien, Südafrika lernen.

In Brasilien war und ist es üblich, in Verträgen Inflationsindizes einzubauen. Diese Kennzahlen können aus meiner Sicht auch gut in Mitteleuropa z. B. für personalintensive Dienstleistungen genutzt werden. Wartungsverträge können z. B. für Deutschland einen offiziellen Verbraucherpreisindex nutzen (z. B. gemäß Statistischem Bundesamt).

Aus meiner Sicht gehört auch die Wechselkursentwicklung gerade bei exportabhängigen Unternehmen (wieder) als Kennzahl in jedes Cockpit. Eine Hedging-Policy kann so z. B. festlegen, dass rollierend 80 % des „Exposures" abzusichern sind. Einige Unternehmen nutzen dabei eine Quotierung (z. B. jedes 3. Quartal zum 5. Arbeitstages des Monats), um Ausschläge zu vermeiden. Dieses Vorgehen erscheint mir sehr rational und pragmatisch.

Natürlich muss ein Unternehmen vorher zunächst für die Ist-Situation und die Planung berechnen, wie hoch das Exposure bzw. die Nettobelastung ist. Dies stellt für einige Unternehmen oft schon eine Herausforderung dar, wenn z. B. Dollar-Kosten und Dollar-Umsätze sehr stark schwanken. Aus meiner Erfahrung gilt hier aber: „Lieber ungefähr richtig als gar nicht".

Ulrich Egle: Welche Auswirkung hat die Veränderung der Rahmenbedingungen mit höherer Inflation und gestiegenen Zinsen auf den „Megatrend" Digitalisierung?

Ingo Cassack: Allgemein verteuern gestiegene Zinsen zunächst Investitionsprojekte. Die Inflation hat bei solchen Projektrechnungen dann den gegenläufigen Effekt und lässt zukünftige Cashflows ansteigen. Im idealen, theoretischen Markt heben sich die Auswirkungen auf. Speziell auf die aktuelle Situation werden für viele Unternehmen Projekte für Digitalisierung noch attraktiver. Vielleicht kann ich dies an einem konkreten Unternehmensbeispiel aus der Praxis näher erläutern. Durch Inflation, gestiegene Zinsen sowie daraus resultierende steigende Preise in Lieferketten und beim Personal fehlen oft zeitnahe Informationen. Genau hier können Projekte der Digitalisierung im Controlling helfen, um eine höhere Transparenz bei Kennzahlen zu erreichen. Ich sehe aktuell genau diesen Effekt bei Praxisunternehmen. Gleichzeitig werden IT-Projekte natürlich auch weiter umgesetzt, um dem enormen Fachkräftemangel entgegenzusteuern und Effizienzsteigerungen zu realisieren.

Ulrich Egle: Eine letzte Frage: Wo siehst Du zusammenfassend den inhaltlichen Schwerpunkt beim Inflation Controlling?

Ingo Cassack: „What gets measured, gets done." Aus meiner Sicht geht es beim Inflation Controlling darum, Kennzahlensysteme gezielt zu ergänzen. Natürlich sind oft primäre Effekte im Vordergrund. Wie können Preise erhöht sowie Personal- und Einkaufskosten „im Griff" gehalten werden? Daneben geht es aber auch um sekundäre Effekte. Die Inflation führt zu Wechselkursveränderungen. So können die Gewinne in Fremdwährung gleich hoch wie geplant sein, aber durch eine Translation in eigener Währung niedriger ausfallen. Dies gilt es durch Sensitivitätsanalysen proaktiv aufzuzeigen. Again: „What gets measured, gets done.".[1]

4.5 Fazit

Durch die Inflation geraten die Kosten- und Erlösmodelle in den Unternehmen stark unter Druck. Unternehmen stehen vor dem Problem, die steigenden Kosten, Margensicherung und Kunden zu halten bzw. neue Kunden zu gewinnen. Für die planenden, steuernden und kontrollierenden Aktivitäten zur Inflationsbekämpfung ist ein wirksames Inflation Controlling in den Unternehmen notwendig.

Für die Inflationsbekämpfung steht dem Inflation Controlling eine große Auswahl an Controllinginstrumenten zur Verfügung. Es steht vor der Aufgabe, die veränderten Rahmenbedingungen in seinen Controllinginstrumenten zu integrieren, um die richtigen Schlüsse daraus zu ziehen. Nur dann kann das Inflation Controlling in seiner Rolle als Business

---

[1] Das Interview wurde am 20.10.2022 erstmals veröffentlicht und für den Quick Guide aktualisiert: https://hub.hslu.ch/financialmanagement/2022/10/20/kennzahlen-fuer-ein-aussagekraeftiges-inflations-controlling/.

Partner das Management, alle Beteiligten bei der Bekämpfung der Inflation zielführend unterstützen.

Auch die Controlling-Trends 2023 bilden die Bedeutung der Inflation auf das Controlling ab, wie nachfolgende Abb. 4.2 zeigt. Durch ein ausgeprägtes Resilienz-Controlling gibt das Controlling Orientierung und wirkt als Business Partner zum Gestalter der Unternehmenszukunft. Das Controlling bringt sich aktiv bei der Bekämpfung der Preissteigerung ein. Durch eine szenario-basierte Planung unter Berücksichtigung der relevanten Liquiditätskennzahlen unterstützt das Controlling die Liquiditätssteuerung und sichert die Zahlungsfähigkeit. Das strategische und operative Kostenmanagement mit bewährten Instrumenten, wie die mehrstufige Deckungsbeitragsrechnung, gewinnt stark an Bedeutung, um den Kostenherausforderungen zu begegnen ([4]).

Resilienz-Controlling	Liquiditäts-management	Inflations-controlling
In multiplen Krisen stärkt das Controlling als Business Partner die Widerstandsfähigkeit, schafft Orientierung und gestaltet die Zukunft mit.	Die szenario-basierte Planung unter Beachtung der relevanten Liquiditätskennzahlen gewinnt stark an Bedeutung. Der Aufbau und die Optimierung von Liquiditätsreserven ist von existenzieller Bedeutung.	Das Inflationscontrolling liefert aktuelle und relevante Entwicklungen über primäre (z. B. Preise, Kosten) und sekundäre (z. B. Wechselkurse) Veränderungen und zeigt die Auswirkungen der Preissteigerung proaktiv auf.
Future Skills im Controlling Das Growth Mindset fördert im Controlling die Weiterentwicklung der Kompetenzen und schafft eine Kultur des Lernenwollens.	**Controlling-Trends 2023**	**Controlling-Instrumente** Die Herausforderungen und Auswirkungen der Krisen verlangen wieder vermehrt nach klassischen Controlling-Instrumenten wie beispielsweise der detaillierten Deckungsbeitragsrechnung.
Kostenmanagement Die Transparenz der Kosten über die gesamte Wertschöpfungskette ist in rezessiven Phasen ein Schwerpunkt im Controlling. Kosteneffizienz ist der Treiber für Investitionen in digitale Technologien.	**Make-or-Buy** Geopolitische Spannungen erfordern eine Risikobewertung ausgelagerter Leistungen und Kompetenzen.	**Nachhaltigkeitsreporting** Die Erhebung, Analyse und Bewertung von ESG-Kennzahlen für operative und strategische Entscheidungen ist zunehmend Bestandteil der Controlling-Aufgaben.

Abb. 4.2 Controlling-Trends 2023 ([4])

Ihr Transfer in die Praxis

- Bauen Sie ein schlagkräftiges Inflation Controlling mit modernen Rollenprofilen und Kompetenzen im Unternehmen auf.
- Aktualisieren Sie Ihre Controllingsysteme und Controllingprozesse in Bezug auf die Inflation.
- Schärfen Sie die Controllinginstrumente hinsichtlich Inflation.
- Aktualisieren Sie Ihre Kennzahlen und Kennzahlensysteme.
- Aktualisieren Sie die IT-Systeme und IT-Tools.
- Bringen Sie sich als gesamte Controllingfunktion aktiv bei der Inflationsresilienz ein.
- Analysieren Sie systematisch die Wert- und Mengengerüste in ihrem Unternehmen auf Effizienzsteigerungen und Kundenwert.
- Entwickeln Sie die Controllingfunktion trotz Inflation weiter (Organisatorische Ambidextrie).

Literatur

1. Abdelnour, A., Bykowsky, E., Nading, J., Reasor, E., und Sood, A. (2022). Five ways to ADAPT pricing to inflation. https://mck.co/3BG1Uh5. Zugegriffen: 21.01.2023.
2. Coenenberg, Adolf G., Fischer, Thomas M., und Günther (2016). Thomas: *Kostenrechnung und Kostenanalyse.* 9. Auflage. Stuttgart: Schäffer-Poeschel.
3. Daum, D. (2001). *Marketingproduktivität – Konzeption, Messung und empirische Analyse.* Wiesbaden: Gabler.
4. Egle, U. und Keimer, I. (2022). Controlling-Trends 2023. Controlling-Trends 2023 - Financial Management Blog (hslu.ch). Zugegriffen: 09.02.2023.
5. Farahi, P. (2023). Integriertes Planungsmodell unterstützt Controlling bei operativen Fragestellungen. https://www.haufe.de/controlling/controller-praxis/neugestaltung-der-planungsprozesse-bei-wanzl_112_586766.html. Zugegriffen: 21.01.2023.
6. Flore, M. (2022). Die Kunden-Deckungsbeitragsrechnung in Verbindung mit Business Intelligence - ein Beispiel der Nagel-Group. In: *Rethinking Finance,* 4(6), S. 28–32.
7. Gladen, W. (2014). *Performance Measurement: Controlling mit Kennzahlen.* 6., überarbeitete Auflage. Wiesbaden: Springer Gabler.

8. Gleich, R. (2022). Wie sollte das Controlling auf hohe Inflationsraten reagieren? *Controller Magazin,* 43(4), 48–49.
9. Haight, C. (2023). A Cost Optimization Strategy for I&O Leaders in Uncertain Times. https://www.gartner.com/en/articles/a-cost-optimization-strategy-for-io-leaders-in-uncertain-times?s=09&sf263536430=1&utm_source=pocket_reader. Zugegriffen: 21.01.2023.
10. Hartmann, M., und Zein, B. (2022). Durchblick in Krisenzeiten: Crisis Performance Management Dashboard. Maren Hartmann / Benjamin Zein. In: *CONTROLLER Magazin,* 43(6), 28–29.
11. Hengartner, T. (2023). Mehrkosten für Kunden und Aktionäre. https://www.fuw.ch/mehrkosten-fuer-kunden-und-aktionaere-113216938910. Zugegriffen: 21.01.2023.
12. Jonen, A. (2020). Aktuelle Trends und zukünftige Potenziale der Digitalisierung im Beschaffungscontrolling. In: I. Keimer und Egle, U. (Hrsg.) *Die Digitalisierung der Controlling-Funktion* (S. 349–372). Wiesbaden: Springer Gabler.
13. Kappes, M. (2022). Controlling als Multikrisen-Navigator: Corona, Ukrainekrieg und Inflation in den Griff bekommen. https://www.haufe.de/controlling/controllerpraxis/krisenmanagement-das-controlling-als-multikrisen-navigator_112_563488.html. Zugegriffen: 09.02.2023.
14. Lips, T.; Reinisch, M., und Tobias, S. (2022). Controlling plays the key role to mitigate inflation peak in 2023.
15. Martin, F. (2022). Lieferengpässe bei Arzneimitteln. https://www.manager-magazin.de/unternehmen/pharma/lieferengpaesse-von-arzneimitteln-herausforderungen-bei-lieferketten-und-abhaengigkeit-von-wenigen-herstellern-a-c64a94eb-2342-4578-a6aa-ed5639ae9d8b. Zugegriffen: 24.02.2023.
16. Reichheld, F., Darnell, D., und Burns, M. (2022). So wertvoll sind glückliche Kunden. *Harvard Business Manager,* 44(5), 50–59.
17. Reichmann, T. (2006). *Controlling mit Kennzahlen und Management-Tools: Die systemgestützte Controlling-Konzeption.* 7. Auflage. München: Vahlen.
18. Schäffer, U. (2018). Beyond Budgeting. https://wirtschaftslexikon.gabler.de/definition/beyond-budgeting-30841. Zugegriffen: 10.02.2023.
19. Schmelting, J. (2020). *Produktions-Controlling im Übergang zur Digitalisierung: Eine qualitativ-empirische Studie an der Dyade Fertigung und Controlling.* Wiesbaden: Springer Gabler.

20. Schönbohm, A., und Egle, U. (2016). Der Controller als Navigator durch die digitale Transformation. *Controller Magazin*, 37(6), 4–8.
21. Weber, J., und Blum, H. (2001). Logistik-Controlling — Konzept und empirischer Stand. *Controlling und Management*, 45(5), 275–282.
22. Zaugg, A.D., und Egle, U. (2013). Social Media Controlling – die 4 Social C. *HMD*, (50), 86–92.

5

Inflation Accounting

> **Was Sie aus diesem Kapitel mitnehmen**
> - Was die Handlungsfelder im Accounting im Hinblick auf Inflationseffekte sind.
> - Welche Regulierungsansätze bezüglich Inflation Accounting gemäß Schweizer Obligationenrecht existieren.
> - Wie der Quervergleich der handelsrechtlichen Regulierung zu Inflation Accounting im Hinblick auf Swiss GAAP FER und IFRS ausschaut.
> - Wie ein Buchungsbeispiel zu Inflation Accounting gemäß Obligationenrecht das Themenfeld aufzeigt.

Im Hinblick auf die auch für Schweizer Verhältnisse höhere Geldentwertung verdeutlicht der vorliegende Beitrag in einem ersten Schritt, welche Handlungsfelder eine steigende respektive sich auf höherem Niveau einpendelnde Inflation in der Rechnungslegung gemäß Schweizer Obligationenrecht (OR) auslöst. Im Quervergleich dazu werden, in einem zweiten Schritt, die Regulierungen innerhalb der Swiss GAAP FER (SGF) und der International Financial Reporting Standards (IFRS) dargestellt. Das anschließende Buchungsbeispiel zeigt Möglichkeiten auf, wie ein inflationsgerechtes Rechnungswesen gemäß OR umgesetzt werden kann.

5.1 Handlungsfelder im Schweizer Obligationenrecht

5.1.1 Bilanzierung

Das schweizerische Rechnungslegungsrecht ist in den Art. 957 ff. OR geregelt. Die Regulierung ist grundsätzlich rechtsformneutral, jedoch können kleine Einzelunternehmen und Personengesellschaften wie z. B. Kollektiv- und Kommanditgesellschaften (Umsatzerlös unter CHF 500.000, vgl. Art. 957 Abs. 2 OR) unter Umständen durch eine eingeschränkte Buchführungspflicht ihre Rechnungslegung weitestgehend vereinfachen und durch eine Darstellung ihrer Vermögenslage und der damit verbundenen Einnahmen und Ausgaben auf eine geldflussorientierte Basis stellen und vollziehen. Auf diese spezielle Konstellation wird nachfolgend nicht weiter eingegangen; deren praktische Bedeutung ist nach Erfahrung des Autors ohnehin gering, da die steuerrechtlichen Anforderungen sowie die gewählten Softwarelösungen auf eine „klassische" Rechnungslegung hin ausgerichtet sind ([1]).

Um beurteilen zu können, ob inflationäre Effekte im Rahmen der Rechnungslegung widergespiegelt werden können, ist in erster Linie eine Analyse der Bewertungsvorschriften für Aktiven und Fremdkapital relevant. Die daraus sich ergebenden Bewertungsanpassungen beeinflussen in zweiter Linie die Erfolgsrechnung.

Die nur für „größere Unternehmen" vorgeschriebene Geldflussrechnung (Cashflow Statement) erfasst inflationäre Effekte „automatisch" und muss diesbezüglich nicht gesondert analysiert werden.

Aus Sicht der Rechnungslegung ist die zentrale Frage, ob die bilanzierten Werte auch den relevanten Prinzipien einer handelsrechtlichen Jahresrechnung entsprechen. Besonders erwähnenswert ist hier das Erfordernis, dass die gezeigten Werte verlässlich sind (Art. 958 Abs. 1 OR). Dies bedeutet im Kern, dass sich Dritte ein zuverlässiges Urteil über die wirtschaftliche Lage des Unternehmens bilden können.

Das Schweizer Rechnungslegungsrecht beruht hinsichtlich der Bilanzierung von Aktiven auf dem Anschaffungs- und Herstellungskostenprinzip. Bezüglich des Fremdkapitals ist das Nominalwertprinzip entscheidend. Im Rahmen dieser Prinzipien ist es, wie nachfolgend deutlich gemacht wird, nur teilweise möglich, inflationäre Effekte darzustellen.

Aktiven
Für die Aktiven bestimmt Art. 960a Abs. 1 und 2 OR, dass sie bei ihrer Ersterfassung höchstens zu den Anschaffungs- oder Herstellungskosten bewertet werden können und in der Folgebewertung nicht über die fortgeführten Anschaffungs- oder Herstellungskosten hinaus aufgewertet werden dürfen.

Dies führt für die Positionen des gesamten Anlagevermögens dazu, dass inflationäre Effekte nicht deutlich gemacht werden.

Bei den Positionen des Umlaufvermögens ist die Problematik insofern weniger ausgeprägt, als dass sich diese Posten häufiger durch Zu- und Abgänge ändern. So werden z. B. Vorräte rascher als die Posten des Anlagevermögens veräußert und wieder neu eingekauft, in Zeiten steigender Inflation erhöhen sich somit die bilanzierten Werte automatisch. Analoges gilt für die flüssigen Mittel, Forderungen aus Lieferungen und Leistungen (Debitoren) und Vorauszahlungen an Lieferanten, ebenso für die Rechnungsabgrenzungen (transitorische Posten).

Hinzuweisen ist auf den Spezialfall des Art. 960a Abs. 2 OR in Verbindung mit Art. 960b OR. Danach dürfen Aktiven mit Börsenkurs oder beobachtbarem Marktpreis zum aktuellen Wert bilanziert werden (sofern die Aktiven an einem aktiven Markt gehandelt werden). Wird diese Option gewählt, so werden inflationär bedingte Steigerungen der Aktiven im Rahmen der Folgebilanzierung bilanziell sichtbar gemacht; dies mit direkter Auswirkung auch auf die Erfolgsrechnung. Allerdings ermöglicht Art. 960b OR ebenso auch die Aufwertungen durch die aufwandwirksame Bildung einer Schwankungsreserve ganz oder teilweise zu neutralisieren. Die so verstandene Wertberichtigung würde die ertragsseitige Zunahme durch eine aufwandseitige Buchung glattstellen. In der Schweizer Praxis reduziert sich die Anwendbarkeit dieser Bestimmung jedoch in den meisten Fällen auf börsenkotierte Wertschriften oder Vorräte in Form von Rohstoffen. Sie erlaubt deshalb in einem beschränkten Ausmaß, Inflation Accounting zu praktizieren ([2]).

Fremdkapital
Für das Fremdkapital bewirkt das in Art. 960e Abs. 1 OR festgehaltene Nominalwertprinzip, dass Schulden stets zu ihrem zukünftigen Rückzahlungsbetrag zu bilanzieren sind. Für verzinsliches Fremdkapital führt dies dazu, dass inflationäre Effekte die ökonomische Belastung durch Schulden reduzieren, ohne dass dies im Accounting nachvollzogen wird.

Im Falle von passiven Rechnungsabgrenzungen, Rückstellungen und Vorauszahlungen von Kunden werden hingegen entweder zahlungsrelevanten Angaben verwendet (und somit an inflationäre Effekte angepasste Werte) oder aber der zukünftig zu erwartende Mittelabfluss wird bei der Quantifizierung einer Rückstellung wird auf Basis der zu erwartenden inflationären Effekte geschätzt.

5.1.2 Fremdwährungsumrechnung

In diesem Themenfeld ist von Bedeutung, ob die Abschlüsse der aus Schweizer Sicht „ausländischen" Teileinheiten (z. B. im Ausland gelegene Tochtergesellschaften, ausländische Filialen) korrekt in die Heimatwährung (CHF) umgerechnet werden.

Die Thematik betrifft aber unter Umständen auch inländische Unternehmen und/oder Filialen. Art. 958d Abs. 3 OR erlaubt für alle in Art. 957ff. OR erfassten Rechtsformen, dass die Buchführung und/oder die Rechnungslegung in der für die Geschäftstätigkeit wesentlichen Währung erfolgt. Allerdings wird nicht ausgeführt, wie diese „wesentliche Währung" zu bestimmen sei (anders als z. B. in IAS 21, wo das sog. „Funktionalwährungskonzept" wichtige Hinweise zur Bestimmung einer solchen Währung gibt). Für Aktiengesellschaften hingegen bestehen besondere Regeln, auf die nachfolgend eingegangen wird.

Sofern nicht nur die Buchführung, sondern auch die Rechnungslegung in einer ausländischen Währung erfolgt, müssen die offen gelegten Werte zusätzlich in Schweizer Franken angegeben werden. Es wird jedoch keine bestimmte Methode für diese Form der Umrechnung vorgeschrieben. ([3]) Für die blosse Buchführung in einer fremden Währung besteht kein solches Erfordernis ([4]).

Gerade diese Zusatzangabe der Werte in Schweizer Franken kann in Zeiten steigender Inflation, problematisch werden, da der Informationsgehalt der Werte beeinträchtigt werden kann. In den meisten Fällen dürfte die Angabe in Schweizer Franken einer linearen, mitunter stichtagsbezogenen, Transformation der Werte entsprechen. Damit dürfte, in Fremdwährungen ausgedrückt, eine Überleitung von Anfangs- zu Schlussbeständen, nicht möglich sein und bei hoher Inflation schwer verständlich wirken, gerade auch im Hinblick auf die Konsistenz zur Erfolgsrechnung.

Eine weitere Erschwernis liegt dann vor, wenn Sachwerte zu historischen Anschaffungskosten in Fremdwährung bilanziert, jedoch mit einem aktuellen Stichtagskurs umgerechnet werden: Diese sog. „Stichtagskursmethode" ist in der Praxis weit verbreitet. Der Sachwert wird, in Schweizer Franken ausgedrückt, an Wert verlieren, obwohl er, wirtschaftlich betrachtet, eigentlich doch einen sehr guten Schutz vor Inflation bietet. Wird hingegen der Sachwert zu aktuellen Werten in der Lokalwährung bewertet (d. h. es findet eine inflationär induzierte Aufwertung statt), so führt die Wahl von Stichtagskursen zu einem konsistenten Bild.

Je nach Ausgestaltung der gewählten Umrechnungsmethode kann der Umgang mit Umrechnungsdifferenzen Anlass zu kontroversen Diskussionen geben, besonders dann, wenn dies Auswirkungen auf den steuerlich massgeblichen Reingewinn/das steuerlich massgebliche Eigenkapital hat.

Aktiengesellschaften
Die erwähnten Bestimmungen aus dem Rechnungslegungsrecht führen dazu, dass Buchführung und/oder Rechnungslegung in einer vom Schweizer Franken abweichenden Währung erfolgen können. Fragen der Gewinntransferierung, der Kapitalerhaltung sowie der steuerrechtlichen Aspekte erfolgen allerdings nach wie vor auf Basis der Werte in Schweizer Franken.

Für die Aktiengesellschaften haben sich diese Umstände per 01.01.2023 verändert. Nunmehr darf das Aktienkapital ebenfalls in einer für die Geschäftstätigkeit wesentlichen Währung lauten (Art. 621 Abs. 2 OR), wodurch ebenfalls die kapitalbezogenen Aspekte wie Dividenden, Reserven und Überschuldung nach der betreffenden Fremdwährung zu beurteilen sind.

Im Vergleich zu den Bestimmungen des Rechnungslegungsrechts wurde die Option der für die Geschäftstätigkeit wesentlichen Währung eingeschränkt. Bei Aktiengesellschaften ist, gemäß Anhang 3 zu Art. 45a Handelsregisterverordnung (HRegV), nur die Wahl einer der folgenden Währungen zulässig: GBP, EUR, USD oder JPY.

Aus den per 01.01.2023 angepassten steuergesetzlichen Vorgaben geht die Massgeblichkeit der wesentlichen Währung für Steuerwecke klar hervor. Es wird dazu festgehalten, dass der steuerbare Gewinn in Schweizer Franken zum durchschnittlichen Devisenkurs (Verkauf) des betreffenden Geschäftsjahrs fixiert wird (damit entfallen Wechselkursdifferenzen vollumfänglich), vgl. Art. 80 Abs. 1bis DBG und Art. 31 Abs. 3bis StHG. Das steuerbare Kapital ist zum Devisenkurs (Verkauf) per Bilanzstichtag zu ermitteln, vgl. Art. 31 Abs. 5 StHG. Damit werden zu historischen Kursen umgerechnete Bilanzpositionen in der Jahresrechnung in der Darstellungswährung Schweizer Franken irrelevant. Die direkten Steuern werden damit weiterhin in CHF erhoben. Die Umrechnung erfolgt in einem einfachen „Dreisatz". Inflationäre Effekte in der Rechnungslegungswährung reduzieren dabei die Steuerlast in der Schweiz, da die betroffenen ausländischen Währungen, relativ zum Schweizer Franken, an Wert verlieren.

Eine Überleitungsrechnung von Anfangs- zu Schlussbilanz ist nur in der Fremdwährung möglich.

Wechselkursdifferenzen

Wickelt eine Gesellschaft eine Transaktion in einer anderen als ihrer wesentlichen Währung ab - z. B. Verkauf einer Anlage in die USA, Verkaufserlös USD, wesentliche Währung EUR - so ist bei der Umrechnung der vereinnahmten USD in EUR ein Kursgewinn oder -verlust möglich. Dies geschieht regelmässig dadurch, dass für die Fakturierung ein sog. „Buchkurs" festgelegt wird, der dann vom effektiven Kurs abweicht. In einem solchen Fall wird von einer Transaktionsdifferenz gesprochen. Solche Abweichungen stellen einen Aufwand oder Ertrag dar, der für schweizerische Gewinnsteuerzwecke erfolgswirksam ist. Im Falle einer Inflation sind die entsprechenden Buchkurse periodisch zu überprüfen, damit die entstehenden Differenzen nicht Überhand nehmen und die Verständlichkeit der Werte behindern.

Analog können auch die vereinnahmten und nicht wieder veräusserten Dollarbestände, ausgedrückt in EUR, an Wert gewinnen oder verlieren. Diese Wechselkursdifferenzen sind erfolgswirksam zu verbuchen.

Wenn die in EUR ermittelten Bilanz- und Erfolgsrechnungswerte zu Vergleichszwecken in Schweizer Franken ausgewiesen werden müssen, können weitere Differenzen entstehen (Umrechnung einer Position von der wesentlichen Währung in die Darstellungswährung Schweizer Franken). Solche Differenzen sind steuerlich nicht wirksam.

5.2 Quervergleich der Regulierung

5.2.1 Swiss GAAP FER

Swiss GAAP FER (SGF) kennt weder eine Definition von Hochinflation noch konkrete Vorgaben für deren Behandlung. Auch finden sich keine (allgemeinen) Bestimmungen für ein Inflation Accounting. Fehlen für ein Bilanzierungsproblem spezifische Regelungen in SGF, so soll deren Rahmenkonzept mit den allgemeinen Rechnungslegungsgrundsätzen herangezogen werden. Dies mit dem Ziel, dass jede Jahresrechnung ein den tatsächlichen Verhältnissen entsprechendes Bild der Vermögens-, Finanz- und Ertragslage (True and Fair View, Fair Presentation) wiedergibt (vgl. SGF 1/4). Allerdings vermag das Rahmenkonzept in diesem Fall keine konkreten Lösungshinweise anzugeben. In der Praxis sind deshalb zwei Lösungsalternativen denkbar.

Alternatives Rechnungslegungskonzept
Situativ denkbar ist es, Normen eines anderen Rechnungslegungskonzepts heranzuziehen, sofern dieses ebenfalls den Grundsätzen der Fair Presentation folgt. Damit ist es möglich, die Bestimmungen der IFRS sinngemäss innerhalb der Swiss GAAP FER anzuwenden.

Hartwährungsabschluss
Alternativ denkbar wäre es bei Anwendung der Swiss GAAP FER auch, den Abschluss der ausländischen Teileinheit in einer „harten Währung" wie dem Schweizer Franken zu erstellen, anstelle einer durch Inflation belasteten Währung. Erstellt ein Unternehmen einen solchen Hartwährungsabschluss, rechnet es die nicht monetären Posten (z. B. Sachanlagen) mit historischen Kursen und die monetären Posten (z. B. Flüssige Mittel oder Forderungen) mit Stichtagskursen um. Posten der Erfolgsrechnung sind mit Ausnahme der zu historischen Kursen umzurechnenden Abschreibungen und Materialaufwendungen mit Durchschnittskursen umzurechnen. Die Umrechnungsdifferenz ist gesondert und erfolgsneutral im Eigenkapital zu erfassen.

5.2.2 IFRS

IFRS hat mit IAS 29 einen eigenständigen Standard zum Inflation Accounting entwickelt. Dieser ist in Konnex zu IAS 21 (Fremdwährungsumrechnung) anzuwenden. IAS 29.4 besagt, dass der Standard „vom Beginn der Berichtsperiode an anzuwenden ist, in der [...] Hochinflation herrscht", wobei eigenständige Kriterien für die Umschreibung einer „Hochinflation" definiert werden. Die Marke von 100 % über einen Drei-Jahres-Zeitraum (bezogen auf die angewandte funktionale Währung) ist dabei ein entscheidendes Kriterium, nebst anderen Faktoren wie z. B. die Frage nach dem üblichen Wertaufbewahrungsmittel oder einer allfälligen „Flucht" in Sachwerte. Die quantitative Schwelle wurde im Falle der Türkei per 31.03 2022 mit 109,4 % überschritten ([5]).

Der Standard ist dabei so anzuwenden, als ob das Land schon immer hochinflationär gewesen wäre. IAS 29 schreibt vor, dass Abschlüsse eines Unternehmens, dessen funktionale Währung die Währung eines Hochinflationslandes ist, an die aktuelle Kaufkraft am Ende der Berichtsperiode anzupassen sind.

Nicht monetäre Posten wie Vorräte, Sachanlagen, immaterielle Vermögenswerte, etc., sowie dazugehörige Posten der Gesamtergebnisrechnung sind mit einem allgemeinen Preisindex umzurechnen. Gemäß

IAS 29.37 ist das ein Preisindex, der die veränderte Kaufkraft widerzuspiegeln vermag. Eine Anpassung der monetären Posten ist nicht zweckmäßig, da sich diese „automatisch" an die inflationäre Umgebung anpassen.

Dieses Verfahren gilt auch für die zum Vergleich erfassten Vergleichszahlen, da IAS 29 so anzuwenden ist, als ob die betroffene Währung schon immer hochinflationär gewesen wäre. Eine Verpflichtung zur Darstellung einer zusätzlichen Bilanz zu Beginn der Vorjahresperiode (sog. „Dritte Bilanz") besteht jedoch nicht.

Im Rahmen der Fremdwährungsumrechnung ist IAS 21.43 zu beachten. Dieser schreibt vor, dass die beschriebene Anpassung gemäss IAS 29 zuerst erfolgen muss, bevor die Fremdwährungstranslation gemäss IAS 21 durchgeführt wird. Die Fremdwährungstranslation wiederum hängt im Kern vom Status der Subeinheit ab. In den meisten Fällen wird ein eigenständiges Handeln der Subeinheit vermutet, womit eine Umrechnung mittels Stichtagskursmethode erfolgen kann und Umrechnungsdifferenzen im Eigenkapital (Other Comprehensive Income) erfasst werden.

5.3 Buchungsbeispiele

5.3.1 Bewertung zum Marktpreis gemäß Art. 960b OR

Aufgrund der engen definitorischen Umschreibung der in Frage kommenden Aktiven reduziert sich der Fokus einer Anwendung besagter Bestimmung auf börsenkotierte Aktien/Obligationen (Wertschriften) sowie auf Rohstoffe. Wesentliche Posten wie bewegliche/unbewegliche Sachanlagen, die von Inflation stark betroffen sein können, unterliegen nicht der besagten Bestimmung.

Die durch inflationäre Effekte bewirkte Aufwertung dieser Posten kann wie folgt erfasst werden (dargestellt am Beispiel der Rohstoffe, Kontennummern gemäss Kontenrahmen KMU des veb.ch, Schweizer Verband für Rechnungslegung und Controlling):

Soll: Rohstoffe (Konto 1210)
Haben: Bestandesänderung Rohstoffe (Konto 4901)

Im Falle einer Abwertung sind die Soll- und Habeneintragungen zu tauschen.

Wenn das Bewertungsverfahren für ein Aktivum (z. B. Rohstoffe) gewählt wird, müssen alle Aktiven, die als „Rohstoffe" bilanziert werden, gemäss Art. 960b OR bewertet werden (sofern die beobachtbaren Marktpreise verfügbar sind). Zu beachten sind auch die Offenlegungspflichten im Anhang: Der Gesamtwert der entsprechenden Aktiven muss für Wertschriften und übrige Aktiven mit beobachtbarem Marktpreis je gesondert offengelegt werden.

Im Rahmen „ergebnispolitischer" Massnahmen wäre es gemäss Art. 960b Abs. 2 OR zulässig, die Bewertungsanpassung durch die Bildung/Auflösung einer Schwankungsreserve ganz oder teilweise zu glätten.

5.3.2 Wiederbeschaffungsreserven und -rückstellungen

Ist die Inflation auf ein bestimmtes Niveau gestiegen, so genügen die auf der Basis der historischen Anschaffungskosten berechneten Abschreibungsbeträge nicht, um mit den in den Verkaufserlösen enthaltenen Abschreibungsrückflüssen den Ersatz von Anlagen zu finanzieren. Die Abschreibung des Anschaffungs- bzw. der Herstellungskosten kann nur die nominelle, nicht aber die substanzielle (reale) Kapitalerhaltung bewirken.

Aufgrund der Inflation steigt demzufolge der zukünftige Wiederbeschaffungswert von Aktiven. Art. 960a Abs. 4 OR erlaubt, solche Effekte für alle Aktiven, die einem Abschreibungsgebot unterliegen, zu erfassen. Die steuerliche Würdigung wäre gesondert zu analysieren.

Möglichkeit 1: Bildung von offenen Wiederbeschaffungsreserven
Bei dieser Variante wird aus dem ausgewiesenen Jahresgewinn im Umfang der Geldentwertung eine Wiederbeschaffungsreserve gebucht. Die Bildung der Reserve erfolgt im Rahmen der Gewinnverwendung, wird deshalb erfolgsneutral erfasst.

Soll: Gewinnvortrag (Konto 2980)
Haben: Wiederbeschaffungsreserve (Konto 2961, Unterkonto der „beschlussmäßigen Gewinnreserve").

Die Wiederbeschaffungsreserve verringert die Möglichkeit der Dividendenausschüttung, zumindest temporär. Das Vorgehen ist in der bisherigen Praxis kaum gebräuchlich, da Inflation über Jahrzehnte kaum ein Thema war.

Möglichkeit 2: Bildung von stillen Wiederbeschaffungsreserven im Konto Wiederbeschaffungsrückstellung

Durch zusätzliche Abschreibungen vom Wiederbeschaffungswert, bemessen zum Fair Value am Bilanzstichtag, werden stille Reserven gebildet. Dieser Effekt wirkt im Sinne des Inflation Accounting und ist gemäß Art. 960a Abs. 4 OR möglich.

Soll: Abschreibung (Konto 6820)
Haben: Wiederbeschaffungsrückstellung (Konto 2690, Unterkonto der Rückstellungen für das dauernde Gedeihen des Unternehmens)

Auf dem Rückstellungskonto wird nur die teuerungsbedingte Abschreibung erfasst, d. h. der den ordentlichen Abschreibungsbetrag (vom Anschaffungswert) übersteigende Teil.

Diese Mechanik wird anhand des nachfolgenden Buchungsbeispiels verdeutlicht. Das Beispiel basiert auf der Annahme, dass im gesamten Betrachtungszeitraum ein Inflation Accounting notwendig ist.

Buchungsbeispiel

Ausgangslage

Anschaffungswert eines Fahrzeugs am 03.01.2021:	CHF 60.000
Geschätzte Nutzungsdauer:	5 Jahre
Geschätzter Restwert nach 5 Jahren:	CHF 0
Abschreibungssatz (lineare Abschreibung):	20 %
Fair Value am 31.12.2021	63.000
Fair Value am 31.12.2022	67.000
Fair Value am 31.12.2023	72.000

Buchungen im Jahr 2021
31.12.
Abschreibungen/Wertberichtigungen Fahrzeuge	12.000
Abschreibungen/Wiederbeschaffungsrückstellungen	600
Berechnungshinweise
Ordentliche Abschreibung:
Anschaffungswert 60'000/Nutzungsdauer 5 Jahre = 12.000
Wiederbeschaffungsrückstellung:
Inflationseffekt: (63.000 − 60.000) × 1/5 = 600
Buchungen im Jahr 2022
31.12.
Abschreibungen/Wertberichtigung Fahrzeuge	12.000
Abschreibungen/Wiederbeschaffungsrückstellungen	2200
Berechnungshinweise
Ordentliche Abschreibung:
Anschaffungswert 60.000/Nutzungsdauer 5 Jahre = 12.000
Wiederbeschaffungsrückstellung:
Inflationseffekt: (67.000 − 60.000) × 2/5 = 2800
Erhöhung Rückstellung: 2800 − 600 (31.12.2021) = 2200

Aus steuerlicher Sicht sind Abschreibungen von möglichen Wiederbeschaffungswerten gesondert zu prüfen. Üblicherweise sind gemäss bisheriger Praxis die gestützt auf Art. 960a Abs. 4 OR verbuchten Abschreibungen steuerlich nicht massgeblich ([6]).

Bei der Ersatzbeschaffung kann die Rückstellung aufgelöst werden (eine Pflicht besteht nicht, vgl. Art. 960e Abs. 4 OR). Fachlich ist dabei eine erfolgsneutrale Auflösung mit Gegenbuchung in die freiwilligen Gewinnreserven zweckmässig, um den inflationären Effekt zu „decken". Die steuerlichen Einschränkungen sind auch hier zu beachten.

Da die Schätzung des zukünftigen Wiederbeschaffungswertes mit vielen Unsicherheiten verbunden ist (Preisentwicklung, Geldentwertung), wird in der Praxis der Abschreibungssatz vorzugsweise vom Fair Value per Bilanzstichtag ermittelt.

5.4 Fazit

Das Schweizer Rechnungslegungsrecht sowie die SGF regeln Inflation Accounting nicht als eigenständiges Themengebiet. Aus praktischer Sicht dürfte die Bedeutung in vielen Fällen klein gewesen sein. Die aktuellen Entwicklungen könnten jedoch dieses Bild verändern. Das Schweizer Obligationenrecht kennt zahlreiche Mechanismen, die eine Vermeidung einer durch Inflation bewirkten Fehlinterpretation entgegenwirken können. Solche Buchungen entsprechen jedoch nicht dem Verständnis einer True & Fair View, wie sie z. B. die SGF zu erreichen versuchen. Dort ist ein Abstellen auf IFRS, zumindest über weite Strecken, ein gangbarer, wenn auch durchaus komplexer Ansatz.

> **Ihr Transfer in die Praxis**
> - Verstehen Sie die Tragweite und den Stellenwert der Geldentwertung im Kontext des Inflation Accounting.
> - Validieren Sie die Zusammenhänge zwischen Fremdwährungsumrechnung und Inflation Accounting.
> - Kennen Sie handelsrechtliche Buchungsmöglichkeiten zwecks möglicher Berücksichtigung inflationärer Effekte.
> - Identifizieren Sie regulatorische Schnittstellen zu nationalen (Swiss GAAP FER) und internationalen (IFRS) Rechnungslegungsnormen.
> - Analysieren Sie handelsrechtliche Bewertungsvorschriften im Hinblick auf mögliche inflationäre Effekte.

Literatur

1. EXPERTsuisse (2014). *Schweizer Handbuch der Wirtschaftsprüfung*. Zürich: EXPERTsuisse. S. 162.
2. KPMG (2022). Türkei – Hochinflationsland gemäss IAS 29? https://www.kpmg.at/upload/MCM/Newsletter/2022/ean-14.pdf. Zugegriffen: 6.2.2023.
3. Passardi, M., und Fontana, M. (2013). Das neue kaufmännische Buchführungsrecht. *Der Treuhandexperte*, 1(20), 20–26. Der Begriff „Umsatzerlös" umfasst dabei sämtliche in der Erfolgsrechnung verbuchten Erträge, nicht nur Erlöse aus Lieferungen und Leistungen.

4. Pfaff, D., Glanz, S., Stenz, T., und Zihler, F. (2019). *Rechnungslegung nach Obligationenrecht*. Art. 958d OR, N 34.
5. Schweizer Bundesrat (2007). Botschaft zur Änderung des Obligationenrechts. https://bbl.weblaw.ch/de-BBl-2008-1589#:~:text=Der%20Entwurf%20sieht%20vor%2C%20dass,nicht%20an%20der%20Generalversammlung%20teilnehmen. Zugegriffen: 6.2.2023. S. 1703.
6. Schweizerische Steuerkonferenz (2020). Analyse des Vorstands SSK zum neuen Rechnungslegungsrecht. https://www.steuerkonferenz.ch/downloads/Dokumente/Analysen/Analyse_Neue_Rechnungslegung_DE.pdf. Zugegriffen: 6.2. 2023. S. 4.

6

Roadmap Inflations-Management

> **Was Sie aus diesem Kapitel mitnehmen**
> - Wie eine Roadmap Inflations-Management aufgebaut ist.
> - Welche Rahmenbedingungen zu beachten sind.
> - Welche Rolle CFOs und die Finanzfunktion im Rahmen der Roadmap haben.
> - Was die einzelnen Phasen der Roadmap beinhalten.
> - Was die Erfolgsfaktoren der Roadmap Inflations-Management sind.

Mit einer strukturierten Vorgehensweise und gezielten Maßnahmenbündeln sollen die inflationären Auswirkungen abgewehrt und das Unternehmen in Krisenzeiten und darüber hinaus erfolgreich gemacht werden. Im Zentrum steht die Realisierung von intelligenten Kosteneinsparungen und die Entwicklung von Preisgestaltungsmöglichkeiten, um das Geschäftsmodell auch unter dem Einfluss der Inflation zukunftsfähig zu gestalten. Die Grundlage ist eine systematische Vorgehensweise anhand einer Roadmap Inflations-Management.

6.1 Rahmenbedingungen

Der CFO baut ein interdisziplinäres Team zur Bekämpfung der Inflation auf. Darin sind mindestens Teilnehmende aus Beschaffung, Produktion, Vertrieb, Marketing und Controlling vertreten. Situativ wird das Team von externen Expertinnen und Experten ergänzt. Der CFO definiert neben den Projektzielen die (agile) Projektorganisation, Methoden und Tools. Das Projektteam hat den Anspruch, die Beteiligten für die Veränderungen zu motivieren und rasch Veränderungen zu realisieren, um die Wettbewerbsfähigkeit zu erhalten. Um den Auftrag erfolgreich zu erfüllen, begleitet das Projektteam die Veränderungen engmaschig.

> **Projektteam Inflation**
>
> Das Projektteam sammelt, bewertet und koordiniert die Massnahmen zur Bewältigung der Inflation in den Unternehmensbereichen. Die Einheiten rapportieren an den CFO und informieren regelmässig die Geschäftsleitung über die aktuellen Entwicklungen. Sie vermeiden eine unkoordinierte Vorgehensweise und fördern die funktionsübergreifende Zusammenarbeit, um proaktiv auf die Entwicklungen zu reagieren. Mit einem solchen Projektteam lassen sich Schnittstellen abbauen (Silos), die Entscheidungsprozesse elementar beschleunigen und Anpassungen zeitnah vornehmen, z. B. Preisanpassungen. Erfolgskritisch ist ausserdem, dass das Projektteam die externen Partnerinnen und Partner einbindet. Die Kunden- und Lieferantenbeziehungen sollten durch regelmässigen Austausch intensiviert werden.

Der Controller wird seiner Rolle als Business Partner im Projektteam gerecht, wenn er alle relevanten Informationen aus den betroffenen Unternehmensbereichen erfasst und auf dieser Grundlage die richtigen Aktionen ableitet und kommuniziert. Der Controller als Business Partner zeichnet sich hier sowohl durch ein umfassendes Fachwissen als auch durch ein Managementwissen aus, ergänzt um ausgeprägtes Methodenwissen, soziale Kompetenzen und Empathie.

Die konkrete Ausgestaltung der Inflationsbekämpfung erfolgt an einem strukturierten und pragmatischen Vorgehen in 4 Phasen, die in (Abb. 6.1) veranschaulicht sind.

6 Roadmap Inflations-Management

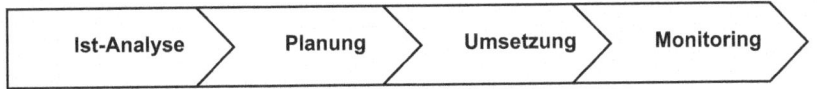

Abb. 6.1 Roadmap Inflations-Management

Das Ziel der Roadmap ist die strukturierte Erfassung, Aufbereitung und Bewertung der Auswirkungen der Inflation auf die finanzielle Situation im Unternehmen. Anschließend erfolgten die Planung und gezielte Umsetzung der Handlungsempfehlungen. Die Wirksamkeit der Maßnahmen wird kontinuierlich überwacht und es wird gegebenenfalls aktiv eingegriffen.

6.2 Realisierung der Roadmap

Das Projektteam zur Bekämpfung der Inflation benötigt eine umfassende und fundierte Übersicht über die Auswirkungen der Inflation auf das Unternehmen und seine Stakeholder. Durch eine umfassende Bestandsaufnahme ist von den Entscheidungsträgerinnen und Entscheidungsträgern zu beurteilen, ob die bisherige strategische und operative Ausrichtung vom Unternehmen unter dem Einfluss der Inflation noch zielführend ist.

Ist-Analyse
Gegenstand der Ist-Analyse ist sowohl die systematische Erfassung der relevanten internen und externen Informationen als auch der monetären und nicht-monetären Informationen. Die Ist-Analyse hat das Ziel, folgende Fragen zu beantworten:

- Welches sind die Kernprobleme der Inflation im Hinblick auf das Geschäftsmodell?
- Eröffnet die Inflation auch Chancen für neue Wege der Profitgenerierung?
- Welche Auswirkungen hat die Inflation auf die Themenbereiche der Finanzfunktion?

- Wie verändern sich Kapitalkosten, Investitionsprojekte und damit der Unternehmenswert?
- Welche handelsrechtlichen Bewertungsvorschriften existieren hinsichtlich inflationärer Effekte?
- Wie können vorhandene Ansätze in Rechnungslegungsstandards zur Implementierung des Inflation Accounting herangezogen werden?
- Wie ist ein aussagekräftiges Financial Reporting im Kontext hoher Inflationsraten zu gestalten?
- Welche Ressourcen werden zur Lösung benötigt?
- Wie gross ist das Zeitfenster zur Bewältigung der Problemstellung?

Die Entscheidungsträgerinnen und Entscheidungsträger und alle Beteiligten im Unternehmen sind aufgefordert, sich vertieft mit dem Themengebiet Inflation und seinen Auswirkungen auf das Geschäftsmodell, Geschäftsprozesse und Aktivitäten auseinanderzusetzen.

Indirekte Effekte bei der Beschaffung

Es lohnt sich bei der Ist-Analyse, die indirekten Effekte der Beschaffung anzuschauen, indem das Contract Lifecycle Management analysiert wird und zusätzlich Materialgemeinkosten wie Zölle, Transport und Verpackung auf Optimierungen überprüft werden:

- Überprüfung Incoterms und variable Komponenten.
- Analyse der Einkaufspreisabweichung durch Trennung der Wechselkurseffekte und reine Preiseffekte.
- Bei der Produktkalkulation sind die Energie- und Personalgemeinkosten zu analysieren, pro Land, pro Produkt. Zusätzlich sind die Durchschnittswerte und die Zeiträume zu analysieren.
- Auswirkungen auf Lagerbestand und den Cashfow.

Die relevanten Informationen zur Inflation werden dem Projektteam zur Verfügung gestellt. Das Projektteam sammelt die Informationen, ordnet ein, gewichtet und bewertet die Ist-Situation im Unternehmen. Der Prozess erfolgt mit Unterstützung von z. B. Excel und das Ergebnis lässt sich z. B. anhand einer Heatmap darstellen. Am Ende der Ist-Analyse sind die Auswirkungen der Ausprägungen der Inflation auf Ressourcen, Geschäftsprozesse, Produkte und Stakeholder für alle Beteiligen verständlich und transparent.

Planung
Die Aufgabe in der Planungsphase besteht in der Sicherung des langfristigen Erfolges eines Geschäftsmodells. Von den Beteiligten erfordert das eine zukunftsbezogene Sichtweise des Geschäftsmodells ([1], S. 55 f.). Das Projektteam macht sich mit den inflationsbedingten Veränderungen der Umwelt und des Unternehmens vertraut, identifiziert Schwachstellen in der Wertschöpfungskette und ermittelt und bewertet Chancen und Risiken, Stärken und Schwächen.

In dieser Phase werden die Ziele und Zielwerte der Inflationsmaßnahmen im Unternehmen für die Beteiligten definiert und kommuniziert, z. B.:

- Aktualisierung der Investitionsrechnung.
- Aktualisierung der Kalkulation.
- Ziel-EBITDA und Identifizierung von Kosten- und Werttreibern.
- Ziel-Liquiditätsgrade.
- Intensivierung des Supply Chain Managements.
- Preisanpassungen und Aktualisierung der Preislisten.
- Einflüsse auf das Eigenkapital und die Kapitalerhaltung.

Am Ende der Planungsphase ist die Abstimmung der Einflüsse der Inflation auf das Geschäftsmodell erfolgt. Die strategischen und operativen Pläne sind aufeinander abgestimmt. Die Meilensteine sind definiert und mit allen Beteiligten kommuniziert. Die motivierende und begründete Kommunikation der Entscheidungsträger ist ein wichtiger Erfolgsfaktor in der Planungsphase. Für alle Beteiligen ist am Ende der Planungsphase folgendes transparent, verständlich und nachvollziehbar:

- Was sind die Ziele und Zielwerte für alle Bereiche und Verantwortlichen?
- Wie wird die Zielerreichung gemessen und kommuniziert?

- Was passiert bei Abweichungen?
- Welche Maßnahmen sind kurz-, mittel- und langfristig geplant und in welcher Reihenfolge?
- Welche Rollen haben die Beteiligten und wie erfolgt die Abstimmung?
- Welche Lösungsansätze und (agilen) Methoden werden eingesetzt?

Umsetzung
In dieser Phase realisieren alle Beteiligten die definierten Maßnahmen zur Bekämpfung der Inflation und das Projektteam koordiniert die Umsetzung. Die teils erheblichen Veränderungen, die sich auf die gesamte Wertschöpfung beziehen, bergen ein erhebliches Konfliktpotenzial, welches nicht unterschätzt werden darf. Das Projektteam und die Verantwortlichen zeichnen sich dadurch aus, dass sie die Maßnahmen verständlich vermitteln und auch in der Lösung von Konflikten geschult sind. Im Rahmen der Umsetzung erfolgt die Realisierung eines abgestimmten Maßnahmenbündels, z. B.:

- Durchführung von Preiserhöhungen.
- Investitionen in Energieeffizienz.
- Beschleunigung oder Verschiebung geplanter Investitionen.
- Kapazitätsreduzierung.
- Produktionsstopp.
- Aufgabe energieintensiver Geschäftsfelder.
- Verlagerung ins Ausland.
- Lohnanpassungen.
- Investition in die digitale Transformation.
- Aufbau agiler Organisationsformen.
- Verfeinerung der Analyse-Instrumente (z. B. Abweichungsanalyse) im Kontext von Inflationseinflüssen.

Das Projektteam und insbesondere das Controlling begleitet die Umsetzung engmaschig. Das umfasst auch das aktive Eingreifen, falls die Projektziele gefährdet sind. Für das Controlling bedeuten die Umsetzung der Maßnahmen jedoch auch die Aktualisierung der Controllingprozesse und Einbettung der Maßnahmen in den Planungsprozess, z. B. Wechselkurse, länderspezifische Inflationsraten und Anpassung der Zuschlagssätze. Am Ende der Umsetzung muss für alle Beteiligten verständlich und transparent sein:

- Welche Maßnahmen wurden ergriffen?
- Welche Schwierigkeiten sind aufgetreten?

Monitoring
Das Projetteam kontrolliert die Wirksamkeit der Massnahmen und bewertet den Erfolg der Inflationsmaßnahmen. Die Grundlage ist ein aktives Monitoring der Maßnahmen. Das Controlling passt das Controlling-Prozessmodell im Unternehmen regelmäßig an, um die dynamischen Entwicklungen der Inflation richtig zu antizipieren. Die Anforderungen an den wichtigen Controllingprozess Reporting steigen, um die Informationsversorgung auch in sehr dynamischen Phasen zu gewährleisten. Das Reporting wird engmaschiger mit neuen und aktualisierten Kennzahlen durchgeführt, um die Entscheidungsunterstützung für alle Beteiligten zeitnah zu realisieren. Dazu gehören neben integrierte Cash-Management Dashboards fürs Financial Management auch das Corporate Treasury ([2],S. 8).

Nachfolgend ist in Tab. 6.1 ein mehrdimensionales „Inflations-Dashboard" mit relevanten Dimensionen und ausgewählten Indikatoren dargestellt. Das Dashboard ist die Grundlage, um mit einem rollierenden finanziellen Forecast kontinuierlich eine aktualisierte Übersicht über die kurz- und mittelfristigen Entwicklungen bereitzustellen. Die Indikatoren sind situativ an die aktuelle Situation anzupassen und zu ergänzen.

Die Indikatoren können zu analytischen Modellen verknüpft werden, um die Auswirkungen auf die Marge zu prognostizieren und Preisempfehlungen für jede Produktkategorie abzugeben. Je präziser und schneller die Informationen vorliegen, desto ergebniswirksamer können die Entscheidungsträger reagieren, beispielsweise durch Weitergabe der Mehrkosten an die Verkaufspreise. Voraussetzung ist die Durchgängigkeit der Datenflüsse ([4], S. 56).

Entscheidend sind die Learnings aus der Durchführung im Umgang mit der Inflation und den getroffenen Maßnahmen. Das umfasst kulturelle Aspekte, Widerstandspotenzial der Stakeholder, der Wissenszuwachs

Tab. 6.1 Inflations-Dashboard. ([3], S. 29)

Dimension	Indikatoren
Makro-Indikatoren	– Geschäfts- und Konsumentenklima – Inflationsschätzungen – Zinssätze und Wechselkurse – Politische Maßnahmenpakete zur Bekämpfung der Inflation
Lieferantensteuerung	– Standortbezogene Risikobeurteilung und mögliche Lieferengpässe (Supplier Heatmap) – Verfügbarkeit der Produkte und Dienstleistungen – Beschaffungskosten (Rohstoffe, Energie, Logistik)
Kundensteuerung	– Rabatte – Aktionen – Maßnahmen der Wettbewerber – Net Promoter Score
Umsatz und Ertragskraft	– Preis- und Umsatzentwicklung der Produkte und Dienstleistungen – Transparenz über Margenentwicklung und Auftragseingang (Bruttomarge, EBIT, Umsatzrendite) – Kostenmanagement (Kostenstruktur, Kostenverlauf und Kostenniveau)
Liquiditätssteuerung	– Ausweis der Days Inventory Outstanding (DIO), Days Payables Outstanding (DPO) und Days Sales Outstanding (DSO) – Übersicht über die Zahlungsfähigkeit (Liquiditätsgrade)
Accounting	– Einhaltung der Bestimmungen zur Kapitalerhaltung – Kritische Prüfung der konzeptionellen Bewertungsgrundlagen und des gewählten Konzepts zur Fremdwährungsumrechnung – Offenlegung wesentlicher Effekte im Anhang
Innovation	– Erfolg neuer Produkte (Marktanteil, Umsatz, Deckungsbeitrag)
Transformation	– Veränderung Digitalisierungsgrad vom Unternehmen – Einsatz agiler Instrumente und Methoden (Scrum, Kanban) – Nachhaltigkeit (ESG, Nachhaltigkeitsreporting)

der Mitarbeitenden, die realistische Zieldefinition, die relevanten Messgrößen und der Einsatz der adäquaten Instrumente. Ein wichtiger Erfolgsfaktor ist die zeitnahe Bereitstellung der Informationen und Erkenntnisse für die Verantwortlichen. Der Vertrieb nutzt z. B. aktuelle Informationen für Preisdiskussionen, um Preiserhöhungen durchzusetzen und Kundenbeziehungen durch pauschale Preisanpassungen nicht zu beschädigen. Am Ende des Monitorings muss für alle Beteiligen verständlich und transparent sein:

- Wurden die Ziele erreicht?
- Haben die Massnahmen gewirkt?
- Was ist der Grund für Abweichungen?

Mit den Daten aus dem Dashboard kann ein rollierender Forecast (z. B. wöchentlicher Forecast) erstellt werden und ein Abgleich mit der Gewinn- und Verlustrechnung und dem Budget vorgenommen werden, um die Annahmen bzw. das Modell zu validieren. Mit diesen Informationen wird die Situation wieder neu bewertet und falls notwendig, der Prozess nochmals oder auch mehrmals wiederholt.

6.3 Fazit

In einem anspruchsvollem Wirtschaftsumfeld mit hohen Inflationsraten ist es entscheidend, vorausschauend zu handeln und auf die Verschlechterung des Geschäftsumfelds zu reagieren. Die Grundlage ist eine strukturierte Vorgehensweise anhand einer Roadmap. Die Ziele zur Inflationsbekämpfung sind mit konkreten Plänen an alle Beteiligten zu kommunizieren. Dazu gehört die Definition wirksamer Kennzahlen bzw. Kennzahlensysteme, um die Zielerreichung zu messen und bei Abweichungen proaktiv einzugreifen.

Die Finanzabteilung orchestriert mit einer Roadmap den Wandel, indem es Prioritäten definiert und die Reihenfolge der Maßnahmen vorgibt und kontrolliert. Es unterstützt und fördert die Veränderungsbereitschaft und Anpassungsfähigkeit der Mitarbeitenden, um die Wirkung der Maßnahmen zur Bekämpfung der Inflation voranzutreiben. Das Vorgehen umfasste alle Aktivitäten, um mit Kostensenkungsmaßnahmen, Preisanpassungen oder anderen Maßnahmen die Marge bei stagnierenden oder zurückgehenden Umsätzen zu halten. Das ist notwendig, denn nur mit einem gewissen Profitabilitätsniveau lassen sich zukünftige Investitionen finanzieren und damit die Zukunftsfähigkeit von einem

Unternehmen sichern. CFOs und die Finanzfunktion begleiten von Anfang bis Ende engmaschig die Inflationsinitiativen und sichern zielgerichtet die Aktivitäten auf der Grundlage eines Dashboards.

> **Ihr Transfer in die Praxis**
> - Schärfen Sie bei allen Beteiligten das Bewusstsein für die Relevanz der Inflation in Bezug auf das Geschäftsmodell.
> - Konzipieren Sie eine systematische Roadmap Inflations-Management zur zielgerichteten Umsetzung der Inflationsmaßnahmen.
> - Schaffen Sie den organisatorischen Rahmen unter Einbindung der Finanzabteilung zur erfolgreichen Umsetzung der Roadmap.
> - Gehen Sie systematisch und strukturiert bei den einzelnen Phasen vor und binden Sie die Beteiligten frühzeitig ein.
> - Definieren die realistische, aber auch anspruchsvolle Ziele.
> - Implementieren Sie geeignete Kennzahlen, um den Erfolg der Inflationsmaßnahmen zu messen.
> - Greifen Sie bei Abweichungen aktiv ein und verlieren Sie keine Zeit.
> - Nutzen Sie von Anfang an ein Dashboard, um die Übersicht zu bewahren.
> - Unterschätzen Sie nicht die Intensität der möglichen Konflikte und Widerstände mit den Stakeholdern.
> - Gehen Sie davon aus, dass Inflation keine kurzfristige Angelegenheit ist.

Literatur

1. Bea, F., und Xaver; H. (2017). *Strategisches Management*. 9. Auflage. Stuttgart: UTB GmbH, UVK Lucius.
2. Glaum, M., und Hirschhausen, Gori von (2022). Finanzfunktion im Wandel: Auf Ambitionen müssen noch Taten folgen. In: *Rethinking Finance*, 4(5), 4–10.
3. Hartmann, M., und Zein, B. (2022). Durchblick in Krisenzeiten: Crisis Performance Management Dashboard. In: *CONTROLLER Magazin*, 43(6), 28–29.
4. Müller, N. (2022). Digital Leadership im Finanzbereich: Der Spagat des CFOs. In: *Rethinking Finance*, 4(5), 54–57.

The manufacturer's authorised representative in the EU is Springer Nature Customer Service Centre GmbH, Europaplatz 3, 69115 Heidelberg, Germany. If you have any concerns regarding our products, please contact ProductSafety@springernature.com

Printed and bound by CPI Group (UK) Ltd, Croydon, CR0 4YY

23/03/2026

02076396-0006